Mudança, crise e violência

Gilberto Velho

Mudança, crise e violência

Política e cultura no Brasil contemporâneo

CIVILIZAÇÃO BRASILEIRA

Rio de Janeiro
2002

CAPA
Evelyn Grumach

PROJETO GRÁFICO
Evelyn Grumach e João de Souza Leite

CIP-BRASIL. CATALOGAÇÃO-NA-FONTE
SINDICATO NACIONAL DE EDITORES DE LIVROS, RJ

Velho, Gilberto
V545m Mudança, crise e violência: – Rio de Janeiro: Civilização Brasileira, 2002.

ISBN 85-200-0613-2

1. Brasil – Política cultural. 2. Brasil – Condições sociais. I. Título.

02-0916 CDD – 306
CDU – 316.7

Direitos desta edição adquiridos pela
EDITORA CIVILIZAÇÃO BRASILEIRA
um selo da
DISTRIBUIDORA RECORD DE SERVIÇOS DE IMPRENSA S.A.
Rua Argentina 171 – 20921-380 Rio de Janeiro, RJ, Brasil,
Telefone (21) 2585-2000

PEDIDOS PELO REEMBOLSO POSTAL
Caixa Postal 23.052, Rio de Janeiro, RJ – 20922-970

Impresso no Brasil
2002

Sumário

Introdução

Este livro reúne 60 textos que publiquei na imprensa entre 1979 e 2001. Fiz uma seleção a partir de um universo um pouco maior, eliminando aqueles que considerei excessivamente datados e, por diversas razões, de menor interesse para o leitor de hoje. Portanto, começam no final do regime militar, no governo Figueiredo, e atravessam os governos Sarney, Collor, Itamar, chegando ao segundo mandato de Fernando Henrique. A referência aos presidentes tem mais uma função cronológica do que uma implicação de compromisso de análise política no plano da dinâmica do Executivo nacional. Creio que é útil para uma noção de processo no tempo e para uma abordagem crítica da sociedade brasileira com suas continuidades e descontinuidades*. Logo, cobrem o período de abertura e redemocratização, repleto de idas e vindas, com seus solavancos, conflitos e impasses. Tratam de vários temas, alguns mais ou menos colados a conjunturas e outros voltados para questões mais duradouras e de caráter estrutural.

Gostaria que a categoria *política* fosse entendida num sentido

*Cronologia política do período: governo João Baptista de Figueiredo (1979-1985); governo José Sarney (1985-1990); governo Fernando Collor (1990-1992); governo Itamar Franco (1992-1994); governo Fernando Henrique Cardoso (primeiro mandato, 1995-1999; segundo mandato, 1999-).

amplo, abarcando ações e práticas que, muitas vezes, implicam relações de poder, mas cujos agentes não são necessariamente *políticos* no sentido convencional.

Por outro lado, estou lidando com valores éticos, estéticos, morais, familiares e religiosos que apresentam densidade própria, freqüentemente irredutíveis a explicações oriundas de uma suposta razão prática ou de uma hipotética racionalidade política. A noção antropológica de *cultura* torna-se assim um dos eixos centrais e articuladores desta coletânea. A preocupação com crenças, símbolos e valores está explicitamente presente em vários textos, mas está implícita em todo o livro. Creio que, munido de modéstia prudente, possa esperar que esta seja uma contribuição de uma perspectiva antropológica para a investigação de problemas e desafios da sociedade brasileira contemporânea. Há que insistir, por outro lado, que a antropologia não é una e homogênea, havendo espaço para abordagens não só diferentes, como, muitas vezes, conflitivas. Afinal de contas, cada antropólogo tem uma biografia e trajetória próprias. Assim, mesmo compartilhando certos conceitos, preocupações e instrumentos, encontraremos sempre a marca de uma singularidade individual.

Por outro lado, este não é um livro acadêmico de antropologia. Trata-se de um conjunto de textos escrito por um cidadão brasileiro, que é também cientista social, voltado para temas e questões que aparecem na imprensa diária. Assim, a vida política, ações governamentais, questões e debates sobre diversos aspectos da sociedade brasileira são focalizados. As mudanças de costumes, novas formas de sociabilidade, o assustador crescimento da violência, associado a uma ampla crise nas relações sociais, são alguns assuntos que, também, me têm mobilizado. Inevitavelmente, a universidade e a atividade científica aparecem de vários modos e em contextos diversos.

Portanto, além de fazer pesquisas, de lecionar em universidades, de escrever em revistas científicas, participar de congressos de especialistas etc., dediquei parte de meu tempo, nos últimos anos, a colaborar com a imprensa através de artigos, entrevistas, depoimentos e declarações. Nem sempre fiquei feliz com o resultado, mas a opção por desempenhar este papel de *intelectual público,* associado ao de acadêmico universitário, foi consciente e, em geral, gratificante.

Alguns artigos e entrevistas tiveram bastante repercussão, produzindo reações e comentários positivos de diversas origens. Outros, renderam polêmicas e, ocasionalmente, respostas discordantes. Ou seja, atuei em um circuito diferente e em um arco sociológico maior do que o estritamente acadêmico-universitário. Sempre vi e vivi estas atividades como solidárias e complementares, uma enriquecendo a outra. Foi muito estimulante, por exemplo, ver artigos meus na imprensa serem incorporados a bibliografias acadêmicas, mostrando como podem ser tênues e arbitrárias as fronteiras que procuramos estabelecer.

Vale também sublinhar a importância da variedade de opções e caminhos. Muitos intelectuais preferem não se envolver com a imprensa, preocupados com os riscos de deturpação e vulgarização. Há os que simplesmente não gostam de exercer este papel. Há vários outros, no entanto, no Brasil e no exterior, que consideram importante, por variadas razões, ter uma atuação mais pública, entrando e participando de debates fora do recinto universitário. Essas escolhas podem ser mais ou menos duradouras ou podem estar restritas a episódios e situações específicos. No meu caso, houve fases em que escrevi na imprensa com muito mais freqüência, por motivações externas e subjetivas. Durante o governo de Fernando Collor — aliás, desde sua campanha eleitoral — mobilizei-me tanto para entender o significado de sua trajetória como para denunciar e criticar sua atuação e a de seus aliados. Passo, por outro lado, longos períodos absorvido por pesquisa e docência, sentindo-me menos motivado para a atuação pública através da mídia. Em outras ocasiões considero que não tenho nada de muito especial ou interessante para dizer. Constantemente outros intelectuais, políticos e jornalistas expressam pontos de vista que atendem ou superam minhas expectativas e reflexões.

Não tenho contrato com nenhum órgão da imprensa. Minha colaboração, mesmo quando mais intensa, tem um caráter episódico e irregular. Tenho preferido assim, pois pretendo preservar certa liberdade de manifestar-me só quando julgo ter algo a dizer que justifique a ida a público.

Agradeço ao *Jornal do Brasil*, ao *O Globo*, à *Folha de S. Paulo*, ao *Estado de S. Paulo* e ao *Jornal da Ciência* os convites e oportunidades de colaboração. Sou também grato ao Centro de Pesquisas e Documentação (CPDOC) da Fundação Getúlio Vargas, pela autorização de incluir neste livro minha entrevista recentemente publicada em sua *Revista de Estudos Históricos*.

A organização e preparação final deste livro só foram possíveis graças à ajuda preciosa de Karina Kuschnir e Catharina Epprecht, a quem agradeço sensibilizado.

Gilberto Velho
fevereiro de 2002

PRIMEIRA PARTE

Política e violência

1
A Igreja e a sua identidade

Os antropólogos têm se dedicado a estudar religiões, crenças e rituais pelo mundo e pelo tempo afora. Portanto, sem querer entrar em seara alheia, e com o devido respeito, considero de bom senso e de bom-tom tentar contribuir, de maneira modesta, para situar algumas das questões que têm sido suscitadas em torno do recente documento do Vaticano que fala da Teologia da Libertação, das repercussões do chamado caso Boff e de outros pontos que têm aparecido, com bastante destaque, na imprensa.

A identidade da Igreja Católica, como instituição religiosa, passa necessariamente, em termos antropológicos, pelo domínio do sagrado. Ou seja, tem como referência fundamental a ordem do divino, do sobrenatural e as relações que os homens estabelecem com esse domínio. O discurso teológico é, portanto, aquele que amarra a identidade da Igreja como instituição e do catolicismo como sistema religioso. É evidente, que, em toda a sua história, a Igreja Católica, estando no mundo, se envolveu, participou e tomou posições políticas. É ingenuidade querer escamotear este fato óbvio. No entanto, é certo também que as grandes crises que a afetaram em algum ponto passaram a ser ou foram, desde o início, teológicas. As heresias e lutas religiosas — como o arianismo, o movimento iconoclasta, os milenarismos —, por mais que estivessem colados a questões político-econômicas, ganhavam dramaticidade ao suscitar, explicitamente, problemas teológicos. A Reforma Protestante foi expressão de acúmulo de antigas e complexas problemáticas de interesse prático, material, geopolítico. Mas seria simplista reduzi-la a isto. Foi uma questão de fé, em que crenças e símbolos religiosos foram não apenas instrumentos, mas causas e produtores de faccionalismos e conflitos. Ou seja, o discurso oficial privilegiado da Igreja é o teológico, sem que isto signifique que não tenha tido sempre, com certo grau de particularismo e especificidade, discursos de outra natureza — política, social, econômica. Mas o teológico, durante grande parte de sua história, foi dominante, ou melhor, englobante. Os outros eram, hierarquicamente, subordinados.

Este parece ser o ponto mais importante de toda a questão. Concordando ou discordando de conteúdos específicos, a divergência fundamental parece ser de precedência. Nesse sentido, pode ser enganador definir setores do clero como progressista, revolucionário, conservador ou reacionário. Talvez, em termos antropológicos, esteja se perdendo o nó do problema. A posição oficial do Vaticano é, obviamente, que o teológico precede os outros discursos e que não deve haver alteração nessa ordem. Isto não significa que o papa não possa fazer, como já fez, pronunciamentos de natureza claramente social e política. Não há, em termos da lógica do Vaticano, nenhuma incoerência nisso. Mas não nos iludamos. O mundo mudou e desde pelo menos Urbano II, com as cruzadas, e Urbano III, às voltas com Frederico I Barba-Roxa, a Igreja luta para garantir o seu poder temporal. A polêmica atual tem, também, dimensões políticas evidentes. Com isto não quero dizer que há política em tudo, simplesmente. Enfatizo que, ao lado do domínio do sagrado, se desenvolvem secularmente (nos dois sentidos) jogos de interesse que não se prendem ao dogma da Santíssima Trindade, ou a outros pontos, aparentemente, de perfil puramente teológico.

Há que encontrar explicações mais matizadas do que se passa para evitar armadilhas radicalizantes que não interessam nem à Igreja, nem à sociedade, especificamente a brasileira. É verdade que é no domínio do sagrado que a Igreja constrói e elabora sua identidade fundamental. Mas é impossível negar a existência e a pertinência dos seus posicionamentos políticos, sociais e, por que não, científicos — vide Galileu. Pode-se dizer deste último, novamente, que a questão era, sob o ponto de vista do papado, teológica e de fé. Mas, ao fazer isto, mais uma vez se estabelecia a precedência de um discurso particular que insistia em se manter dominante e englobante. A questão parece ser de como pode a Igreja estar no mundo, atuando, intervindo, participando, sem perder sua identidade, "sem se confundir com partidos políticos". Não se trata de cuidar apenas das almas, há que cuidar dos corpos injustiçados, vitimizados dos católicos e não-católicos. Os rótulos não ajudam a esclarecer essas discussões. Separar, de um lado, a Teologia da Libertação e seus supostos seguidores e, de outro, o clero "reacionário" dilui a essência do problema e cria falsos antagonismos. Sabemos muito bem que vários bispos, por exemplo, que têm criticado posições que consideram teologicamente inadequadas, têm, em várias oportunidades, se colocado, bravamente, em defesa de pobres, oprimidos e injustiçados de todos os tipos. Por outro lado, praticamente todo o chamado clero progressista reconhece a autoridade do papa.

Creio que é difícil para um indivíduo que não pertença à hierarquia da Igreja e, principalmente, para um não-católico como eu perceber as sutilezas de certas retóricas e a complexidade de códigos, mais ou menos esotéricos, que impregnam, mesmo inconscientemente, as atitudes do clero. No entanto, sugiro que há maior consenso do que pode parecer. Creio que as divergências existem mas tendem a ser absorvidas por um sistema de crenças e valores que preza a continuidade, a estabilidade e a unidade. Não quero, com isso, minimizar todos os esforços de renovação, as efetivas mudanças que se processaram, as transformações pelas quais muitos se sacrificaram. Não há dúvida que, em muitos países e regiões do mundo, setores da Igreja serviram aos interesses dos grupos dominantes, legitimando injustiça e exploração. Contra isso reagiu-se e esta reação teve, a partir de determinado momento, o apoio do próprio Vaticano, como a vida de João XXIII ilustra e demonstra.

Mas não se trata, apenas, de indivíduos melhores ou piores. Há uma espécie de movimento pendular, em torno do qual se tem mantido a instituição Igreja Católica, principalmente nos últimos séculos. É este movimento, e a adequação de seu ritmo, que poderá mantê-la desempenhando um papel, mais ou menos importante, em futuro próximo. A primazia do teológico, da preocupação com o sagrado e, paralelamente, a coexistência com outros discursos e ênfases constituem o ponto crítico da questão. Os dogmas, os rituais e a fé são uma vertente. A participação no mundo com o engajamento contra a injustiça social, a tortura, a violência são outra vertente. Houve um vigoroso movimento de engajar a Igreja, especialmente no chamado Terceiro Mundo. Isso rendeu frutos, e operários, camponeses e índios sabem disso, mesmo que às vezes a especificidade de cada situação não tenha sido devidamente apreciada. Mas é preciso uma atitude de reflexão para poder compreender as verdadeiras implicações do outro movimento, de reforço da dimensão do primado do teológico, do sagrado. Acredito ser falsa a acusação de que padres se recusaram a batizar filhos de homens poderosos que consideravam injustos, mas entende-se que o Vaticano procure evitar que tais acusações possam ter um mínimo de fundamento. Aí as bases do poder, no sentido mais amplo, da unidade e da identidade da Igreja Católica estariam ameaçadas.

Com tudo isso, não quero dizer que não haja risco de um retrocesso lamentável na posição da Igreja. Seria melancólico imaginar que o clero pudesse alinhar-se com os interesses mais conservadores da sociedade, afastando-se de seu rico e instigante trabalho em defesa dos injustiçados e das camadas desprivilegiadas. Há que estar sensibilizado para esse tipo de possibilidade. Mas é importante, para que isso não aconteça, procurar entender a lógica própria da Igreja Católica como instituição religiosa e, particularmente, o papel do papado. Caso contrário, mesmo com a melhor das intenções, nós, leigos, e até não-católicos, poderemos estar fazendo o jogo dos interesses mais obscurantistas de nossa sociedade, que, atualmente, não se encontram necessariamente dentro dos quadros da Igreja. A caça às bruxas pode vir de vários lados, e isto nunca é um fenômeno agradável de assistir.

Concluindo, insisto que é da natureza da Igreja a ênfase fundamental no domínio do sagrado, caso contrário não seria uma instituição religiosa. Por outro lado, não está isolada, encontra-se inserida no mundo contemporâneo, onde os domínios se contaminam e se confundem permanentemente. Este é um fato sociológico e cultural. Querer escamoteá-lo também pode ser desastroso.

Jornal do Brasil, 16/8/84

2
Cotidiano e crise

Já há algum tempo corre o Brasil e o mundo a notícia sobre a deterioração das condições de vida no Rio de Janeiro. Nada mais oportuno do que aproveitar o período do carnaval, festa associada à própria identidade da cidade, para pensar sobre o tema.

A crise, em princípio, é nacional, mas sua manifestação no Rio é intensa e, possivelmente, limite. A velha idéia de a cidade ser a "caixa de ressonância" da sociedade brasileira parece corresponder à experiência atual, no seu pior sentido. Inflação, desemprego, miséria e violência são fenômenos decorrentes da situação geral do país — modelos econômicos, impasses políticos e crise de valores.

A anomia, inadequação de meios para atingir objetivos desejáveis, desorganização social, insegurança individual e coletiva atingem na área do Grande Rio uma intensidade só em parte explicável pela cobertura e repercussão na imprensa. Esta, obviamente, focaliza e divulga, com dramaticidade, uma situação, difícil de exagerar, com que convivem diretamente seus profissionais, assim como pessoas de todas as categorias sociais. Creio que este é um ponto essencial — o cotidiano de praticamente toda a população apresenta e demonstra vigorosamente a precariedade de seu(s) modo(s) de vida. Da luta pela sobrevivência do usuário da Central do Brasil, do desempregado, do biscateiro, dos favelados, dos moradores da Baixada e de outros bairros pobres e desprovidos dos mais elementares recursos urbanos até a insegurança e medo dos setores mais privilegiados, habitantes de áreas com mais recursos como a Zona Sul da cidade, registramos insatisfação e desânimo. Sem dúvida há quem, fatalisticamente, procure se acostumar ou se conformar com esse quadro. Mas, examinando numerosos depoimentos oriundos de um amplo e heterogêneo universo social, constata-se uma crescente tendência ao inconformismo. A idéia de decadência parece ser central em boa parte desses depoimentos. A nostalgia de uma cidade menos violenta, mais limpa, organizada aparece com recorrência nas palavras de membros das camadas médias. Por outro lado, é flagrante o desespero das camadas mais pobres para obter o mínimo indispensável para sua sobrevivência. Assim, a crise é vivida diferencialmente, como não podia deixar de ser, pelas diferentes categorias sociais, mas está sempre presente, de uma forma inexorável. Roubos, assaltos, falta de água, greves freqüentes, carestia, dificuldades de transporte, tráfego caótico, poluição dos mais variados tipos, buracos nas ruas, tiroteios em qualquer horário e local, desabamentos de encostas, entupimento de bueiros, enchentes etc. são alguns dos elementos que constituem o lamentável quadro de descrédito geral. Este, repito, não é interpretado e vivido de maneira homogênea. Há diferentes tipos de adaptação e reação a partir de "n" variáveis sociais, econômicas, culturais.

O que aconteceu ao Rio para torná-lo aparentemente um caso-limite? Há muitas explicações e vou procurar resumi-las. A mudança de capital, em 1960, para Brasília significou um violento e profundo esvaziamento político, cultural e, sob certos aspectos, econômico. Especificamente, estabeleceu-se uma sucessão de mudanças administrativas que culminou com a fusão dos estados da Guanabara e Rio de Janeiro, com distorções e impasses difíceis de serem superados, como, por exemplo, na arrecadação e distribuição de tributos e impostos. Mas há especialistas mais adequados para discutir e polemizar sobre esses aspectos. Por outro lado, há uma dimensão grave e instigante que não pode ser omitida. Trata-se da idéia de sabotagem e até mesmo de uma conspiração contra o Rio de Janeiro, armada em nível federal, eventualmente com a conivência de certas lideranças políticas de outras regiões. Essa desconfiança, agravada no governo Sarney, se explicaria por um suposto agressivo estilo oposicionista de boa parte da população carioca. A eleição de Brizola, seguida do nítido afastamento do governo Moreira Franco dos interesses do Palácio do Planalto, configuraria um quadro de, no mínimo, indiferença em relação ao Estado do Rio e, particularmente, à cidade do Rio de Janeiro, onde, além de tudo, o presidente da República teria passado por situações particularmente acabrunhantes, como no incidente da Praça 15, no Paço da cidade.

Sinais de alarma foram dados diante do projeto do Conjunto Cultural de Brasília, que é encarado como um passo decisivo para o esvaziamento da vida cultural, já prejudicada, da cidade do Rio de Janeiro. O fato é que há uma crescente consciência e percepção de que, independentemente da maior ou menor competência administrativa em níveis estadual e municipal, existe em nível federal uma "má vontade política" que se manifesta na retenção de recursos, na lentidão de atendimento a necessidades legítimas da população fluminense e carioca. A falência da prefeitura no governo Saturnino Braga trouxe à tona, com grande vigor, essas acusações. Se há algum exagero ou distorção nessas idéias, é, no entanto, inegável que o Rio de Janeiro (município e estado) não tem gozado de particular atenção e cuidado nos últimos anos por parte do governo federal.

Não são claros os limites da identidade de carioca e fluminense. Parece ainda haver uma forte valorização da primeira. Há um esforço crescente de setores da sociedade civil, como associações de bairros, movimentos ecológicos, setores empresariais, para recuperar e revigorar a cidade e o Grande Rio em geral. A mobilização política ainda é tímida, mas movimentos como o "Se Liga Rio" alcançaram repercussão e certamente é através de iniciativas desse tipo, associadas a decisões de governo, que se pode pensar em uma alteração significativa da situação da cidade.

Nesse cotidiano de dificuldades e frustração, a sociedade não deixa de buscar novos espaços e soluções. Não há dúvida de que a pobreza, a miséria, o medo e a insegurança em geral podem ser altamente inibidores da criatividade. Mas diversos grupos sociais buscam fórmulas de convivência e eventual superação de dificuldades através do resgate da noção de cidadania, atuando de diferentes formas. Este movimento não é certamente uma questão que possa ser limitada à política partidária, embora esta possa ser fundamental no processo como um todo. O que tem sido observado é a existência aqui e ali de sinais de crescente participação e solidariedade entre vizinhos, colegas. Essa tensão entre um individualismo extremado e a busca de soluções que impliquem o desenvolvimento de laços de sociabilidade ancorados nos mais diferentes domínios, como religião, vizinhança, lazer, trabalho, é visível em diversas situações. Não é o caso de arriscar previsões, mas talvez o Rio que faz carnaval e trabalha possa vir a ser um exemplo de novas formas de vida associativa que respondam à atual crise que, como já foi dito, assola todo o país e passa por um descrédito em relação às autoridades, particularmente o governo federal.

Em torno do eixo cidadania e identidade e com o crescente repúdio ao atual estado de descaso, abuso e arrogância, é possível imaginar uma sociedade mais consciente e ciosa de seus direitos, capaz — esperamos todos — de pressionar e sensibilizar o aparelho de Estado, utilizando e acionando, entre outros instrumentos, o Poder Legislativo, ainda bastante desprestigiado. Persistindo a situação atual, o caso da cidade do Rio de Janeiro não só expressa como agrava o crítico quadro geral da sociedade brasileira.

Folha de S. Paulo, 4/2/89

3
O fenômeno Collor

A surpreendente campanha e a ascensão de Fernando Collor de Mello, confirmada nas apurações do primeiro turno, provoca perplexidade e surpresa entre todos os tipos de observadores. Já tivemos diversas análises interessantes e estimulantes, sob os mais diferentes aspectos. Ouvimos várias previsões, em diversos momentos, de que sua candidatura fatalmente se esvaziaria, pois, entre outras observações, não teria *conteúdo*, seria *artificial* e, sobretudo, fabricada pela comunicação de massa, com especial ênfase na maior rede de televisão do país. Explicações *ex post facto* correm sempre o risco da trivialidade. Mas vale mencionar que a antropologia, dentro de sua tradição específica, talvez possa dar uma modesta contribuição para este debate. Sem descartar ou rejeitar outras variáveis, gostaria de enfatizar que as motivações que levam muitos brasileiros a votar em Collor de Mello estão ligadas a dimensões profundas da história e da cultura nacionais. Ignorá-las não é boa tática científica e política. O Brasil, na sua vertente mais tradicional, está fortemente ligado a um conjunto de crenças que, provindas da Europa, aqui se transformaram, se fortaleceram e tomaram formas próprias. Refiro-me, basicamente, à crença em um herói salvador, tocado por carisma, possivelmente santidade e, certamente, por poderes sobre-humanos, que tem como missão resgatar o povo da pobreza, da opressão, da miséria. O *sebastianismo* concretizou na figura do rei de Portugal, D. Sebastião, desaparecido em 1578, em Alcácer-Quibir, um conjunto de crenças recorrentes na Europa em torno desse tipo de herói, com fortes conotações milenaristas. Basta lembrar as lendas sobre Carlos Magno, que não teria morrido, mas estaria dormindo em uma gruta, pronto a voltar, ressuscitar de certa forma, para redimir os pobres, oprimidos pelos poderosos.

No Brasil, o *sebastianismo* assumiu várias formas, e, nos movimentos messiânicos, amplamente estudados, há nítidas manifestações. É óbvia, dentro da tradição judaico-cristã, a crença na figura de um *messias* ou até de vários, mas cuja característica básica seria a potencialidade de restabelecer um paraíso perdido ou criar uma sociedade onde "correm o leite e o mel". As transformações associadas a essas figuras são de ordem social, natural e sobrenatural. Os movimentos sociais associados a essas crenças são, obviamente, místicos e, embora já tenham sido classificados de *pré-políticos*, hoje tendem a ser analisados como uma dimensão específica que expressa um sistema de valores e crenças não necessariamente inferior, mas, sem dúvida, diferente de um paradigma *moderno*, *racionalizante*.

Sob esta perspectiva, a comunicação de massa, por mais sofisticada, não inventou ou fabricou Fernando Collor de Mello. Na realidade, este seria mais um indivíduo cujas figura e trajetória são interpretadas por boa parte da sociedade, e não apenas pelas camadas populares, como as de uma espécie de salvador, descolando-se dos programas político-partidários, no sentido restrito do termo. É claro que com habilidade e com cobertura da comunicação de massa, em uma sociedade complexa, de dezenas de milhões de indivíduos, cria-se um fenômeno que não pode ser analisado com os mesmos instrumentos com que cientistas sociais examinaram sociedades de menor escala, complexidade, ou movimentos mais localizados geográfica e socialmente. Cabe lembrar que outras figuras da política brasileira recente, de alguma maneira, expressaram, entre outros, esses valores. Basta mencionar Getúlio Vargas, Jânio Quadros, Carlos Lacerda e mesmo o próprio Leonel Brizola. Collor de Mello, com seu desempenho de candidato jovem, "caçador de marajás", com ares de herói intergaláctico, atualiza e leva a um extremo essa galeria de personagens. Friso que as classes médias instruídas não estão imunes a esses sentimentos e tradições de grande profundidade histórica e cultural e, repito, não exclusivamente brasileiros. Isto não elimina a existência de outras vertentes que, na falta de palavras melhores, chamamos de modernas e racionalizantes, que podem também sustentar a candidatura Collor de Mello. Não exclui, certamente, o cálculo e a estratégia política. Mas insisto que tudo isto não se atualiza em folhas de papel em branco, mas interage com sistemas de valores densos e complexos, que não foram inventados do dia para a noite. Acredito que a escala de valores que enfatiza a *cidadania*, a organização em sindicatos, as associações e os partidos tem crescido significativamente, e as impressionantes *performances* das candidaturas Lula e Mário Covas confirmam isto. Finalmente, pondero que, se não reconhecermos a existência dessa tensão dentro dos sistemas de valores da sociedade brasileira, correremos o risco de perder boa parte da complexidade das motivações e do comportamento político.

Jornal do Brasil, 17/11/89

4
Classes sociais e eleições

Há várias explicações para a vitória de Collor. Certamente uma das mais importantes foi o seu desempenho de herói-salvador com grande apelo para boa parte da população de baixa renda, sequiosa de soluções para seu cotidiano carente. Essas pessoas tendem a não acreditar na possibilidade de um igual ou próximo, como Lula, resolver suas dificuldades. Nessa visão de mundo, só um indivíduo de casta superior, com sinais externos de educação formal e postura de dominador, tem condições, como um poderoso patrão, de corrigir as iniqüidades e sanar as injustiças. É claro que a expressiva campanha e os resultados eleitorais de Lula e da esquerda, em geral, revelam que a igualdade e a cidadania são valores que se difundem cada vez mais na sociedade brasileira, particularmente na classe trabalhadora e em setores mais diversificados, como a juventude de classe média.

No entanto, foi decisivo, especialmente no segundo turno, o apoio de setores mais prósperos dessas camadas médias à candidatura Collor. Segundo vários indícios e observações, eleitores de Maluf, Afif e muitos de Covas reforçaram os votos do candidato vencedor. Significativamente, no Rio, Lula só perdeu na 18ª Zona Eleitoral, de Ipanema e Copacabana. Em São Paulo e Paraná, Collor obteve expressiva vitória, e assim por diante. Creio ser importante perceber que, quando Lula falava em *classe média*, expressava uma visão muito esquemática e simples desses estratos complexos e diversificados. Ter emprego, ir à praia de férias uma vez por ano, ir a restaurante no fim de semana, tomar cerveja ao cair da tarde, além da questão habitacional, certamente atendem às aspirações da maioria da classe trabalhadora brasileira, pobre e explorada. É ilusão, no entanto, pensar que essa imagem sensibiliza aqueles setores de classe média já proprietários, profissionais liberais que podem até desejar reformas sociais mas que não pretendem abrir mão de um estilo de vida e um padrão de consumo um pouco mais sofisticados do que os descritos por Lula.

Medo de comunismo, pavores um tanto ridículos, sem dúvida explorados pelo grupo político vencedor, não explicam toda a resistência de um eleitorado não necessariamente reacionário à candidatura do PT. É importante saber a abrangência do arco social pretendido por uma frente democrática, progressista. Lula e o PT revelaram, no final da campanha, uma grande capacidade de fazer alianças e de mobilizar setores mais heterogêneos do que um alegado obreirismo poderia permitir. Há, sem dúvida, ainda muitos preconceitos a serem superados em relação aos trabalhadores. O próprio significado de *educação* merece maior reflexão e análise. Por trás dos erros de português de Lula, há muito mais sabedoria política do que na maioria das pérolas literárias de políticos tradicionais. No entanto, é importante, para densificar essa sabedoria política, uma análise mais refinada das motivações das diferentes categorias sociais brasileiras. O universo de camadas médias, por exemplo, teve e terá um papel decisivo no encaminhamento das questões políticas nacionais. Cabe compreendê-lo melhor, sem simplificações e maniqueísmos. É necessário lembrar que não foram poucos aqueles que, assustados com a truculência da campanha de Collor, nem por isso votaram em Lula, preferindo anular ou deixar em branco o seu voto. Esse é um fenômeno que tem de ser mais bem avaliado. É precipitado considerar camadas médias, com um padrão de consumo mais elevado e aspirações diferenciadas, como "inimigas de classe". Caso contrário, em momentos cruciais, serão sempre jogadas nos braços da direita.

Jornal do Brasil, 23/12/89

5
De Dadá Maravilha a Collor

Toda sociedade tem sua taxa de insanidade. Ultrapassado um certo limite, em termos de conhecimento público, estabelece-se uma consciência de abuso, de absurdo e de excesso.

No Brasil contemporâneo, no chamado regime militar, vivemos uma série imensa de arbitrariedades mais ou menos conhecidas dependendo do sensível crivo da censura. Além das truculências políticas e abusos econômicos, tivemos ainda de suportar o gosto estético e esportivo de nossos governantes.

Esta semana, lendo no *Jornal do Brasil* a sempre instigante coluna de João Saldanha e uma bela entrevista de Zico, fui levado a refletir sobre a foto do presidente eleito tentando desajeitadas cabeçadas num campo de futebol na Itália. Nas duas matérias mencionadas, é relembrado o episódio da convocação do atacante Dario, em detrimento de Toninho e Edu, para a Copa do México em 1970. Por obra e graça do então presidente Médici, que também gostava de tirar fotografias demonstrando uma suposta familiaridade com o "tradicional esporte bretão".

Futebol no Brasil é assunto de interesse da grande maioria da população, conforme depoimentos os mais variados e insuspeitos. Talvez mesmo mais do que carnaval, apesar de eventuais polêmicas. O fato é que o episódio da convocação de Dario, paralelo ao afastamento de João Saldanha do comando da seleção de 1970, se constituiu em *cause celébre*, como arbitrariedade exemplar e ofensiva ao senso comum da sociedade nacional. Até hoje, a despeito da simpatia do falante Dario, que não teve nenhuma culpa, causa arrepios a barração dos notáveis Toninho e Edu. Para os leitores, principalmente colegas acadêmicos, menos familiarizados (têm todo o direito) com esses nomes e episódios, basta dizer que a intervenção do presidente da República na convocação de Dario teria tido, certamente, repercussão ainda maior não fosse a memorável vitória da seleção brasileira na Copa com a ausência de Dario na escalação do time titular. Como disse, há um limite para a taxa de insanidade.

Médici era, claramente, ditador, sem nenhum compromisso com pruridos democráticos. O Brasil ganhou a Copa do Mundo e muita coisa foi esquecida ou engavetada. Mas fica a memória da arbitrariedade, que deve ser refrescada como advertência.

Será que Collor, conforme insinuam notícias de jornal, pretende assumir o comando do futebol brasileiro, procurando faturar eventuais dividendos de uma vitória na Copa, depois de um "jejum" de vinte anos? É bom lembrar que houve uma eleição para presidente da República e não para César, imperador ou... Deus. Apesar do fascínio messiânico da figura de Collor, confirmada em dois turnos, há que registrar que se supõe que estaríamos entrando em um regime democrático, com divisão de poderes, sociedade civil e oposição. Certamente o interesse e o apoio do Executivo à seleção brasileira no "país do futebol" são compreensíveis e, até certo ponto, bem-vindos. No entanto, devido aos antecedentes mencionados, não parece excessivo alertar para os vícios do autoritarismo na sociedade brasileira.

Há um forte risco de o nosso presidencialismo, apesar das limitações da nova Constituição, degenerar em um cesarismo salvacionista, por profundas razões históricas e culturais, ligadas à desarticulação da sociedade civil e à precária cidadania.

Poderosos interesses econômicos e políticos sempre demonstram capacidade e vontade de se aproveitar dessas circunstâncias. Podemos, todavia, tentar evitar fatalismos sociológicos e culturais abrindo mais crédito para a vontade de democratização do Brasil contemporâneo. Isso significa, concretamente, nos casos mencionados, uma correta e necessária divisão de responsabilidades e tarefas, evitando os riscos de um triunfalismo personalista e de histerias coletivas. Talvez o exemplo do futebol possa proporcionar lições significativas para outras dimensões da sociedade brasileira.

Jornal do Brasil, 11/2/90

6
Poder e autoritarismo

As novas medidas anunciadas pelo governo federal só fazem aumentar a apreensão sobre suas intenções e estilo. A tentativa de criar um novo confisco através de uma taxação de 20%, que incidiria, inclusive, sobre o pagamento do Imposto de Renda de 1989 em cruzados novos, só agrava o temor de que estamos lidando com grupos e pessoas pouco sensíveis às preocupações de ordem legal e ética. Parece que estamos sendo vítimas de decisões de quem acredita, na melhor das hipóteses, que o fim justifica os meios. Essa é uma doença conhecida, geralmente expressão de onipotência e de autoritarismo. Associada ao caráter salvacionista messiânico da liderança presidencial, configura um quadro bastante ameaçador para a incipiente democracia brasileira. Pode-se alegar que houve um recuo graças a reações de setores do próprio governo aliados a parlamentares de diferentes matizes. Mas a intranqüilidade só faz aumentar quando essas manobras e golpes são detectados e identificados. Desta vez recuaram, mas e da próxima? É inevitável perguntar-se sobre o (des)compromisso com a verdade que faz com que as palavras sejam manipuladas, declarações sejam corrigidas, desmentidas e assim por diante, gerando ansiedade, insegurança, desconfiança em segmentos e setores cada vez mais numerosos e diversificados da sociedade brasileira. Quais são os limites do novo governo? Até onde podem ir essas pessoas que agora ocupam posições de poder para impor seus pontos de vista?

É bom deixar claro que as decisões que vêm sendo tomadas sobre a vida econômica do país afetam toda a sociedade, de maneira violenta e traumática, sem que tenham sido discutidas de forma efetivamente democrática. O cotidiano de boa parte dos brasileiros, que já não estava propriamente agradável, tornou-se de fato infernal sob o impacto das saraivadas de medidas que interferem na privacidade e nos mais elementares direitos de cidadania, como o controle de contas bancárias, cadernetas de poupança e investimentos estimulados e teoricamente assegurados pelo governo. Poucas vezes — talvez jamais — se viu na história do Brasil independente o Estado assumir um papel tão avassalador e invasor da vida privada da maioria dos membros da sociedade.

Recentemente, os jornais transcreveram declarações de um grupo de funcionários públicos de Brasília que havia sido sorteado com um desses grandes prêmios, como Sena, Loto etc. Todos viviam a ameaça cotidiana de cortes e possibilidade de demissão. Declararam, enfaticamente, que não fariam nenhum tipo de investimento, pois "o governo não é confiável" e "o Collor vem e toma tudo". Não se trata de uma manifestação isolada. Em qualquer sociedade tem de haver um mínimo de expectativas para possibilitar previsões e projetos. A ação social só é possível a partir de definições básicas que sustentem a negociação entre os diferentes atores. Se isso se perde, o próprio processo de reprodução social fica ameaçado. Contradições, conflitos, desacertos são parte da vida social e, de certa forma, a constituem, como mostrou, por exemplo, Simmel. Mas quando, em uma sociedade complexa, teoricamente democrática, grupos que ocupam o aparelho do Estado assumem o papel de donos da verdade e passam a tentar impor, não só seus pontos de vista técnicos, mas toda uma concepção de mundo, corremos o sério risco de passar por crises efetivamente catastróficas. A ameaça de uma hiperinflação é sempre acionada para justificar o caráter draconiano das medidas tomadas pela equipe econômica do governo. É inegável que desta fazem parte pessoas sérias e dedicadas, provavelmente idealistas. Outras nem tanto. Mas o idealismo e a sinceridade não são suficientes para justificar a falta de sensibilidade e/ou conhecimento sociológico e o autoritarismo onipotente que passa ao largo de considerações legais e éticas. O medo da hiperinflação, mais do que justificado por todas as suas conseqüências econômicas, políticas e sociais, não pode ser o pretexto para sacrificar alguns desses mesmos valores que, paradoxalmente, estariam sendo defendidos.

Folha de S. Paulo, 18/5/90

7
Democracia na tradição autoritária

Aos poucos, depois de um período de atordoamento generalizado, começam a surgir de forma mais sistemática críticas ao modelo de governo que vem sendo implantado no Brasil com a eleição de Fernando Collor de Mello.

Os efeitos e ações espetaculares, a saraivada de medidas, até certo ponto surpreendentes, paralisaram a oposição e seduziram boa parte da sociedade. Coerentemente com a campanha, criou-se um clima de tudo ou nada, "vencer ou vencer", que encontrou campo fértil em grupos e segmentos sociais sensíveis ao messianismo salvacionista do novo presidente. Foi nesse ambiente favorável que se exerceu a engenharia social da equipe econômica do governo. A inflação ameaçadora, a ineficácia e falta de legitimidade do governo anterior, a falta de credibilidade do Legislativo permitiram o esboço de um Executivo quase ditatorial.

Os oposicionistas derrotados pareciam internalizar a frase atribuída a Breno, o chefe gaulês que ocupou Roma, ainda na República: "*Vae Victis*" — ai dos vencidos. Ou seja, aos vitoriosos tudo — os despojos, a glória etc. Aos derrotados só restariam amargor e opróbrio. Com tudo isso, paradoxalmente para alguns, a democracia, longe de sair fortalecida do processo eleitoral, fica gravemente ameaçada pelo estilo autoritário avassalador do governo que se inaugura. As críticas e restrições que têm sido feitas à equipe econômica enfatizam, sobretudo, o amadorismo e a desorganização, sugerindo inexperiência e juventude. Creio que, se isto é verdade, não é o principal problema. Os efeitos danosos de tais características só se tornam possíveis devido ao referido *ethos* autoritário. Este sustenta e carrega certa ideologia de eficiência que despreza os meios em proveito de fins pouco claros, não necessariamente compartilhados pelas vítimas das medidas governamentais. Assim, o Legislativo, o Judiciário e a sociedade civil, em geral, são relegados a plano secundaríssimo de eventuais coadjuvantes ou pano de fundo para o grande espetáculo do Executivo. Não é, portanto, um problema de faixa etária dos tecnocratas. Não adianta substituí-los por pessoas venerandas ou burocratas experimentados na administração do regime militar. A engenharia social é, por definição, centralizadora e de difícil entrosamento com as preocupações democráticas, que podem ser consideradas firulas inconvenientes para seus artífices e executores. Os exemplos históricos, à esquerda e à direita, são conhecidos e numerosos. É interessante, ainda assim, registrar o encanto de boa parte de nossos economistas com as possibilidades dessa engenharia social. Não se trata, evidentemente, de estabelecer uma incompatibilidade entre planejamento e democracia, mas de chamar atenção para o caráter problemático de suas relações. Parece haver um forte fascínio pela possibilidade de implementar modelos e teorias, com o respaldo de um Executivo forte, prescindindo de maiores preocupações de ordem legal, consideradas pouco compatíveis com os padrões de eficiência e com a definição de realidade sustentada pelo grupo tecnocrático que chega ao poder.

No entanto, lentamente começa a ser reavivada a idéia de que, se a inflação é uma grave ameaça, não é de fato o único problema brasileiro e, certamente, não está isolado de outros temas e questões. Afinal de contas, durante mais de duas décadas o país ressentiu-se de falta de liberdade, de obscurantismo, de repressão em maior ou menor grau. Estaríamos, portanto, tentando construir, finalmente, uma democracia. Esta é trabalhosa e nem sempre facilitará a concretização de decisões graves tomadas por um pequeno grupo de técnicos e políticos. Os seus custos, por conseguinte, podem ser altos para os padrões de eficiência de planejadores zelosos e, talvez, um pouco arrogantes. Agora parece haver indícios de que a sociedade e a cultura brasileiras são mais complexas e densas do que se poderia supor quando foi desencadeado o Plano Collor (Brasil Novo?). As variáveis sociológicas e culturais não se comportam de acordo com as idéias dos tecnocratas. Projetos, aspirações, valores em geral não se enquadram nos modelos preestabelecidos do plano. A estrutura social é mais complicada, categorias e estratos sociais são diferenciados em um terreno pouco conhecido, aparentemente, pelo denodado grupo de economistas. Além disso, a sociedade, pasmem, tem aspectos sistêmicos surpreendentes, e as categorias sociais interagem, não estando isoladas em compartimentos estanques de faixas de renda e número de cruzados novos aplicados. Parece, por outro lado, haver algumas surpresas (ou não?) para a retórica governamental. As maiores vítimas do Plano são as camadas médias assalariadas, com seus cruzados novos bloqueados (ao contrário de grande parte das pessoas jurídicas), e, para variar, a classe trabalhadora, ameaçada em seu emprego e subsistência mais elementar. Como ficam os "descamisados"? Os funcionários públicos, por sua vez, a par de excessos e falhas reais do serviço público, viraram, definitivamente, o bode expiatório do dia. Até quando?

O fato é que a legitimidade obtida nas urnas também se desgasta, principalmente quando nos lembramos de que foi eleito um presidente da República que é, embora fundamental, apenas um ator dentro do sistema democrático. Portanto, cabe não só um autopoliciamento do Executivo, necessário talvez para sua própria continuidade a longo prazo, como, sobretudo, uma maior articulação da sociedade civil. Esta, com o Legislativo, o Judiciário e os governos estaduais, tem um papel crucial para a mencionada consolidação democrática. Este regime, para efetivamente funcionar, depende da interação contínua entre diferentes atores, cada qual à sua maneira fundamental para a harmonia do todo. Estas não são tarefas fáceis, pois a gênese do quadro atual tem profundas raízes em uma cultura autoritária cuja expressão política, entre outras, é o apego e fascínio por uma figura monárquica todo-poderosa cuja vontade deve ser exercida por um séquito de fiéis. Não é, certamente, a melhor base para uma cidadania democrática. No entanto, a partir dessas análises e tentativas de compreensão, talvez possamos contribuir modestamente para o encaminhamento da questão da democracia no Brasil contemporâneo, procurando fugir de soluções mágicas e/ou modelos simplistas.

Jornal do Brasil, 3/6/90

8
Colapso social

O irmão de uma amiga foi assassinado por um segurança de um bar no Baixo Gávea, na noite de quinta-feira passada, dia 11 de outubro. No dia seguinte, além dele, outro jovem era enterrado no cemitério São João Batista, vítima de uma "bala perdida", quando se encontrava jogando cartas com amigos na praia. Vinte e quatro horas depois, um rapaz era espancado até a morte por outro segurança em um bar em Copacabana. Há alguns meses, o genro da faxineira que trabalha em minha casa morreu baleado dentro de um ônibus, em Niterói, ao voltar do trabalho, deixando mulher e filho recém-nascido.

É a rotina da violência que abarca toda a cidade do Rio de Janeiro e boa parte do Brasil. Esses crimes mais recentes, ocorridos na Zona Sul do Rio, são a ponta do *iceberg* de uma série de assassinatos, espancamentos, torturas, cujo maior número de vítimas está nos bairros mais pobres, nas favelas, na periferia, nos subúrbios. Vários desses episódios, como o do Baixo Gávea, têm características de execução. Não há briga nem reação. São assassinatos a sangue-frio, demonstrando a profunda crise ética que é uma dimensão dramática da deterioração da vida brasileira como um todo.

O Rio talvez seja um caso-limite, onde as mais elementares regras de convivência social estão desaparecendo. Constantemente ouvimos pessoas conhecidas tentando tapar o sol com a peneira com declarações do tipo "violência existe em todas as grandes cidades". Isto não é verdade, pelo menos nos termos com que se tenta diluir ou disfarçar a gravidade de nossa crise. Existem áreas violentas na maioria das metrópoles. São razoavelmente conhecidas, seja em Nova York, Washington, Londres, Cidade do México etc. No Rio de Janeiro, hoje, é perigoso andar na rua em qualquer lugar a qualquer hora. Sem dúvida, existem horários e pontos piores. Mas onde hoje alguém se pode sentir minimamente seguro?

O Baixo Gávea é uma área freqüentada por adolescentes e jovens. Como explicar a truculência não só do segurança assassino como dos responsáveis pelo bar? Vivemos um clima de tal ordem que muitas pessoas acham razoável a existência de corpos de segurança, geralmente recrutados nos quadros de polícia, para ameaçar a vida de pacíficos cidadãos, cuja falta foi sair de casa.

Sabemos do agravamento acelerado de problemas cruciais da sociedade brasileira: distribuição de renda iníqua, crise permanente no campo, fome, ignorância, falta de credibilidade do Estado e das instituições, conforme recentes pesquisas do IBGE, amplamente divulgadas, confirmaram. Não há *cidadania* no Brasil. Nem de primeira, nem de segunda ou de última classe. As experiências recentes demonstram claramente que existem privilégios sem qualquer base sólida de mérito ou de honra social. Podem ser removidos a qualquer momento, segundo o arbítrio dos grupos que, eventualmente, estejam com maior poder nas mãos. Podem ser militares, tecnocratas ou de esquerda. O que os une é a arrogância, a onipotência e a certeza de impunidade.

Esse modo de ser atravessa toda a sociedade, gerando um clima de gangsterismo semi-oficial com que somos obrigados a conviver e que leva alguns a tentativas de sair definitivamente do Brasil. A maioria não pode ou não quer, fica tentando sobreviver perto de suas raízes, parentes e amigos. Não há salvação no messianismo, seja fantasiado do populismo tradicional, seja maquiado com ar modernoso e *yuppie*. A pena de morte, proposta por lideranças políticas, além de redundante e ineficaz, significa a desistência dos meios e valores minimamente vinculados a uma visão humanista racional. É a oficialização do estado de guerra. O Código Penal tem de ser revisto; a polícia, reformada e moralizada; o Judiciário, renovado.

Mas o fundamental é tentar criar um sentimento e uma vontade de cidadania que se rebelem contra o atual estado de coisas da sociedade brasileira, que hoje é uma nau sem rumo, vulnerável a surtos de autoritarismo. O Estado tem de assumir o monopólio do uso da coerção física e da força, através de uma efetiva democratização do país, que possa legitimar sua ação. Fora disso, estaremos condenados a contabilizar amigos, conhecidos e contemporâneos vítimas da desorganização social e moral, da agressividade descontrolada e da truculência assassina. É a impunidade exemplar dos cemitérios clandestinos e dos esquadrões da morte que contamina todo o tecido social.

Jornal do Brasil, Opinião, 16/10/90

9
O mérito de Collor

Collor foi eleito através de uma campanha em que misturou um discurso modernizante com apelos a valores e crenças tradicionais. A reforma do Estado e a moralização da sociedade, associados à caça aos marajás, deram um caráter de pregação messiânica ao movimento collorista. O candidato apareceu como a figura predestinada a salvar o Brasil, invocando Deus e usando frei Damião, entre outros, na sua investida em direção às camadas populares.

Por outro lado, atiçou o medo da burguesia e das camadas médias ao denunciar futuras medidas socializantes de candidatos mais à esquerda, principalmente Lula.

Por fim, atacou o seu adversário do segundo turno no terreno da ética e da moralidade, manipulando uma antiga namorada de Lula. Em tudo isso, Collor contou com uma máquina de apoio e propaganda como nunca tinha sido vista, custeada por grandes grupos econômicos. O apoio da Rede Globo foi, como é notório, especialmente importante.

Assim, conseguiu ser eleito sendo, simultaneamente, defensor dos pés descalços e campeão dos ricos.

O seu governo foi o exercício da prepotência, desde o confisco da poupança até a recusa em aceitar a vontade da maioria da sociedade, exausta de seu espetáculo penoso e de mau gosto.

Mesmo que alguns, em busca de um perfeito equilíbrio de julgamento, encontrem aqui e ali qualidades no governo que se finda, não é possível obscurecer a dolorosa dimensão de farsa que ofendeu gravemente os brasileiros. A total ausência de compromisso com a verdade e com a ética conseguiu incomodar até os cidadãos mais desligados e distanciados do mundo da política. A corrupção, elevada a um patamar inédito, em um país razoavelmente acostumado com essas práticas, feriu fundo os sentimentos da grande maioria da sociedade. A mobilização da juventude certamente foi um momento inesquecível na sua grandeza e espontaneidade.

Este foi o grande mérito do governo Collor. Conseguiu despertar uma reação de indignação jamais vista na história do país. As denúncias da imprensa, o posicionamento de entidades da sociedade civil — como a SBPC, a ABI e a OAB —, o trabalho da CPI e as multidões nas ruas configuraram o extraordinário quadro de luta contra os abusos cometidos, como o truculento desmonte do Estado e a pilhagem indiscriminada.

Collor, sem dúvida, não é um caso isolado. Mas era o supremo mandatário da nação — o chefe de Estado, com tudo o que isto deveria representar. Ele e seus asseclas levaram longe demais a arrogância e a convicção de impunidade. Ultrapassaram o nível mínimo de moralidade consensual de que qualquer sociedade necessita para ter continuidade. O vale-tudo implantado era incompatível com a própria idéia de nação. A recessão e a política econômica de submissão aos bancos internacionais aumentaram consideravelmente o sentimento de rejeição.

O Brasil reinventou o civismo e o patriotismo em todo esse doloroso processo. Continuará enfrentando imensos desafios e dificuldades, mas já está recuperando seu amor-próprio com a descoberta de que a justiça e a ética são condições essenciais para a existência da democracia. Caso o novo governo seja capaz de mobilizar esses ganhos, poderá ser forte o suficiente para rever nossa precária posição na economia política mundial e implementar programas genuinamente capazes de começar a alterar a trágica situação de desigualdade da estrutura social brasileira.

Jornal do Brasil, 30/9/92

10
Criminalidade e cidadania

Os escândalos da era Collor, praticamente ainda impunes, a roubalheira dos anões do Orçamento que insultam a nação, e o recente estouro do esquema dos envolvidos com o jogo do bicho confirmam um quadro de corrupção e criminalidade impossível de ser disfarçado, tais as suas extensão e gravidade.

Sabemos que é fundamental prosseguir as investigações, estabelecendo os vínculos entre os diferentes indivíduos e grupos criminosos que vampirizam a sociedade brasileira. Sobretudo urge identificar os políticos que fazem parte desse esquema e denunciá-los, com estrépito, à opinião pública. Alguns já são conhecidos, mas constituem pequena fração da grande quadrilha.

Qualquer candidato sério a cargo eletivo tem a obrigação de se posicionar claramente diante dessa maré de podridão que inunda o país. Particularmente os políticos que disputarão a Presidência da República devem ser cobrados, de todas as formas, em relação a como pretendem enfrentar o mundo do crime que se mistura com a política nacional de forma escandalosa. É inaceitável imaginar que esse tema seja posto de lado nos programas e discussões partidários. A democracia brasileira só poderá vingar caso sejam levadas às últimas conseqüências as ações contra essa rede e essa cultura criminosas. Trata-se de luta em que todos os esforços devem ser despendidos para esclarecer a amplitude e a profundidade das alianças entre os diferentes tipos de quadrilha. O empreiteiro que corrompe, o político que faz negociatas, o policial cúmplice de traficantes de drogas e armas são personagens que se articulam e confundem em uma ação tentacular.

A luta contra a fome e o desemprego, o combate à inflação e a retomada do desenvolvimento só se viabilizarão com o desmonte definitivo da rede criminosa cuja atividade tem conseqüências para todos os níveis da vida social. A violência avassaladora do nosso cotidiano é um desses efeitos mais evidentes. Não há como mascará-la. A miséria e a iniqüidade social são outros aspectos desse processo corruptor, que é uma forma aguda de exploração política e econômica.

Cabe homenagear e apoiar aqueles que, correndo sérios riscos, como Denise Frossard e Antônio Carlos Biscaia, estão à frente dos esforços de investigação e denúncia. Mas são os partidos políticos e os aspirantes aos cargos públicos, especialmente à Presidência da República e aos governos dos estados, que precisam se posicionar com urgência e nitidez. Não há como ser tolerante ou complacente, sob pena de imediata suspeição. A demora das punições, com a lentidão da justiça, a ineficiência e má vontade de setores da burocracia e o corporativismo dos políticos são obstáculos a serem transpostos. O exemplo de juízes, procuradores, policiais e políticos honestos que tentam derrotar a corrupção e a criminalidade deve ser valorizado e seguido. Não faz sentido, fatalisticamente, apenas constatar que "o sistema é corrupto". Há que travar o bom combate, em nome da ética e da cidadania.

A campanha eleitoral não pode ser usada para encobrir ou

adiar as investigações e as providências saneadoras. Pelo contrário, é a melhor ocasião para fortalecer os valores e a prática da cidadania vigilante e responsável. Há que derrotar os criminosos, os corruptos e seus cúmplices.

Jornal do Brasil, 1/10/92

11
Os mortos-vivos ou os órfãos de Collor

A crítica independente é instrumento fundamental para a consolidação do regime democrático. O Brasil deu provas admiráveis de maturidade no encaminhamento do processo de *impeachment* contra Collor. A imprensa teve, como é notório, um papel fundamental na reação da sociedade civil contra a quadrilha que assaltou o Executivo. Mas é necessário atualizar algumas reflexões.

Sabemos todos que Collor não veio de Marte. É produto e expressão lamentáveis, porém verdadeiros, da sociedade e história brasileiras. Embora isto não queira dizer que todos os brasileiros sejam como Collor e PC, não há como ignorar ambiente favorável e a existência de aliados, cúmplices e beneficiários de toda a corrupção denunciada e da que resta denunciar. Essas pessoas não desapareceram. Não foram para outro planeta ou outra dimensão. Estão por aí. Muitas já estavam ligadas a esquemas de manipulação dentro do regime militar. Só sabem viver no reino do suborno, da chantagem e da desonestidade. Como vampiros, têm horror à luz do dia, à claridade, à democracia. Portanto, a existência de um governo honesto com apoio popular é uma ameaça insuportável. Urge, portanto, desmoralizá-lo.

Não há dúvida de que existem problemas no governo Itamar. Registram-se indecisões, confusões, contradições e trapalhadas.

Mas será que se poderia esperar algo de muito diferente? A gravidade da situação do país, com a questão Collor ainda por terminar, exige uma articulação difícil de muitos atores e interesses diferenciados que representam a enorme complexidade da sociedade brasileira contemporânea. O estilo demagógico e as soluções autoritárias escamotearam essas dificuldades. Em uma democracia, a negociação política é incessante e tem, por definição, altos e baixos. As piadinhas sobre o corte de cabelo, o alfaiate e as manias do presidente podem ser exercícios inocentes de humor crítico. Mas não é possível desvinculá-los de uma difícil transição que ainda não está completamente afastada da ameaça collorista.

Já tivemos fortes sinais de reação contra o prosseguimento da devassa iniciada com o esquema PC. Assim, quando as piadinhas vêm associadas a repetidas tentativas de classificar o governo como inepto e inoperante, somos obrigados a ficar alertas. Até que ponto estamos lidando com críticas construtivas? Mais uma vez, não se trata de dar um cheque em branco. O governo precisa ser fiscalizado, e a imprensa tem um papel crucial nesse processo. Seria, no entanto, muito ingênuo ignorar que interesses ligados direta ou indiretamente ao esquema Collor-PC estão mais ativos do que nunca. Mesmo que não se acredite na absolvição e volta do presidente afastado, não se pode esquecer a existência desses grupos e indivíduos prejudicados com este afastamento. Tentarão sempre criar dificuldades para a efetiva implantação da democracia no Brasil. Procurarão influenciar e manipular a imprensa, associações, entidades de classe com o intuito de preservar suas linhas de influência e acesso ao poder.

O governo Itamar é frágil, como a situação brasileira em geral. O esforço de reconstrução do país exige responsabilidade de todos os setores e categorias sociais. O afastamento definitivo de Collor ainda é uma etapa a ser vencida e a luta contra os interesses a ele associados terá de prosseguir, inevitavelmente, por muitos anos.

Jornal do Brasil, 24/11/92

12
O grande desafio

As lamentáveis informações contidas nos últimos relatos apresentados na imprensa, particularmente no JB, sobre o governo Collor, constituem-se em doloroso mas necessário alerta sobre o Brasil e suas perspectivas.

A tentação e a intenção de disfarçar a gravidade do que ocorreu só servem aos propósitos de Collor, sua turma, seus aliados e todos os grupos de interesses que o apoiaram na aventura que quase destruiu nosso país.

Cabe, portanto, ir além dos detalhes escabrosos, grotescos, pornográficos para analisar a lógica política e cultural que produziu o governo Collor. É fundamental perceber que a poderosa máquina de publicidade, de corrupção e de implacável exercício de um poder inescrupuloso foi montada com o apoio explícito ou implícito de ponderáveis setores das camadas dominantes, receosos de perder qualquer parcela de seus imensos privilégios.

Mais ainda, vislumbraram oportunidades de aumentar impunemente suas vantagens no grande saque da nação brasileira. Esse processo de raízes seculares agravou-se com a legitimação de um capitalismo selvagem, disfarçado na roupagem de uma pseudomodernidade. O desmantelamento do Estado foi uma das etapas dessa catástrofe. Omitir isso é deturpar as lições da história recente e tornar-se cúmplice da aventura que hoje tanto choca, inclusive pessoas e grupos que dela pretenderam se beneficiar. Alguns, aliás, foram beneficiados, como o relatório da CPI do Congresso e as investigações da Polícia e da Justiça Federal já deixaram entrever.

Urge prosseguir essa tarefa apenas iniciada e escancarar seus resultados. Este é o grande desafio da sociedade civil no Brasil de hoje. É necessário concluir as investigações e punir, exemplarmente, todos os culpados. Não basta escolher dois ou três bodes expiatórios. Para a efetiva consolidação da democracia brasileira, cumpre identificar e desmontar a rede de corrupção e manipulação política que não foi eliminada com o *impeachment* de Collor. Se isto não for efetivado, não importará muito se o Brasil continuar presidencialista, ou virar monarquia ou República parlamentarista. De um modo ou de outro, continuará contaminado pela doença mortal da corrupção associada ao autoritarismo.

Jornal do Brasil, 18/3/93

13
A violência na TV

As discussões sobre a comunicação de massas e seus efeitos tendem a ser polarizadas e maniqueístas. É perigoso tentar estabelecer relações de causalidade linear entre o que se passa na TV e o comportamento dos indivíduos. A vida social e cultural é bem mais complexa. Todos os agentes sociais se movem em múltiplos mundos e domínios, interagindo com indivíduos e situações diferentes. São herdeiros de tradições e costumes, foram socializados de modos específicos, compartilham uma memória e apresentam uma identidade social complexa, cheia de matizes e meios-tons, ambigüidades e contradições. Portanto, não são folhas em branco, aguardando a impressão de imagens televisivas.

Por outro lado, sobram problemas na estrutura social do país, que explicam, pelo menos em parte, eclosões de diferentes tipos de violência. A iniqüidade social, a miséria crescente, a questão da terra, o desemprego, o caos urbano, a falência de relações sociais tradicionais configuram um quadro de desorganização social e de valores propícios à irrupção de conflitos e descontentamentos.

Estes fenômenos não são exclusivamente brasileiros. Encontram-se em graus e modalidades diferentes em numerosas sociedades contemporâneas. Mas, sem dúvida, aqui vivemos um período particularmente dramático quanto à consciência da gravidade dos problemas que nos envolvem, invadem e constituem.

Por isso mesmo, não é possível desconhecer não só os males advindos de certos aspectos da TV, como também o extraordinário potencial positivo dos meios de comunicação de massas em geral. Chama-se constantemente a atenção para o número de horas de programação com destaque para assassinatos, espancamentos, linchamentos, seqüestros, estupros etc. Não se trata apenas de mostrar violência, mas, sobretudo, de que modo. A exaltação explícita de personagens violentos ou a apresentação sensacionalista e acrítica de fatos desperdiça o mencionado potencial positivo.

A expansão de horários dedicados a programações culturais, educativas e de divulgação científica não precisa ser sinônimo de tédio e aborrecimento. Existem não só no exterior, como no próprio Brasil, vários exemplos de sucesso e criatividade nessa área. É falso o antagonismo entre *entertainment* e programação educativa inteligente. Um dos aspectos positivos da conjuntura que vivemos é a luta pelo estabelecimento da democracia em todos os níveis da vida social. Ora, a comunicação de massa, particularmente a TV, também pode se beneficiar ainda mais nesse processo. Seria absurdo propor a instauração de qualquer tipo de censura. Nem o Estado, nem qualquer instituição isolada, religiosa ou leiga, tem legitimidade para exercer o papel de censor e guardião da moral e dos costumes. No entanto, a exploração dos canais de TV é feita através de concessões públicas. Não se trata de um negócio privado, como de empresas de outra natureza. Está em jogo, de modo dramático, a relação do Estado com a sociedade civil. A questão da violência é uma das dimensões do complexo problema da liberdade de imprensa e de informação, com todas as suas implicações éticas e políticas. A TV a cabo e as tecnologias do videocassete ampliaram as alternativas para um segmento privilegiado da sociedade brasileira. Mas a esmagadora maioria da população só tem acesso à programação das TVs comerciais convencionais, com a conhecida concentração de poder existente. Não é razoável admitir que um público de cerca de 100 milhões de indivíduos seja totalmente passivo nesse processo.

Concretamente, pode-se pensar na criação de conselhos, cujos membros seriam indicados por diversos setores representativos da sociedade civil, que desempenhem o papel de interlocutores das direções e dos programadores de TVs. A renovação e permanência das concessões estaria condicionada à efetiva implementação de um sistema mais democrático e pluralista. É a própria identidade complexa dos indivíduos e grupos sociais que contribuiria para o enriquecimento da programação. A temática da violência pode ser um caso exemplar na reelaboração de toda a concepção hoje vigente sobre a televisão e a comunicação de massas. Ela pode e deve ser avaliada por meio de discussões sérias que envolvam responsavelmente o legislativo e vários setores do público. Isso não se faz através da aplicação mecânica de milhares de questionários, mas com a estabilização de relações mais igualitárias centradas em um diálogo institucionalizado. O aperfeiçoamento democrático da sociedade brasileira passa, de modo inevitável, por uma mudança nas relações de poder atualmente existentes na mídia. Não há como subestimar os efeitos benéficos de um uso mais crítico e construtivo das tecnologias de comunicação contemporâneas.

Jornal do Brasil, 5/7/93

14
O desmonte do Estado e o funcionalismo

A questão dos funcionários públicos federais afastados no governo Collor não pode ser reduzida ao problema dos custos financeiros de sua readmissão. Espera-se mais do atual governo, viabilizado a partir de uma campanha pela ética. Estamos todos pagando os elevados preços materiais e simbólicos do desmonte do Estado, efetivado por uma reforma administrativa sem critérios e movida por um espírito persecutório contra os adversários de Collor na campanha eleitoral. O fato é que muita gente ainda lastima apenas a "inexperiência" de Collor, aplaudindo seu pseudoprojeto neoliberal, disfarce para o saque da nação brasileira, articulado por uma quadrilha de que só conhecemos publicamente a ponta do *iceberg*. Não é à toa que PC não foi preso até agora. Ele e Collor constituem a dimensão mais obviamente delinqüente de um projeto privatizante obtuso, apoiado por grande parte do empresariado nacional, pouco interessado no bem público e socialmente irresponsável. É possível que alguns maus funcionários tenham sido afastados. Mas o que está em jogo é uma campanha de destruição da área pública federal que, de fato, já inviabilizou diversas atividades e instituições importantes para o país.

Espera-se que o atual governo seja coerente com seus propósitos moralizadores. A reforma administrativa Collor-Santana foi, sobretudo, imoral e um atentado contra a nação brasileira. Não se trata, portanto, de distinguir apenas demissões legais de ilegais. Vale lembrar que o confisco da poupança foi "legalizado" pelo Legislativo e pelo Judiciário. No entanto, a esmagadora maioria da sociedade brasileira hoje repudia aquela ação como rapinagem delituosa. Existe uma razão moral e ética, base da cidadania, que, felizmente, dá sinais de estar se difundindo em alguns setores de nossa sociedade, que rejeita o voluntarismo aético de pseudoneoliberais. A luta pela reintegração dos funcionários demitidos não pode ser desqualificada como "corporativismo". Trata-se, sobretudo, de prosseguir a campanha pela ética na política e na sociedade. O atual governo tem um compromisso explícito com essa causa. Não deve traí-la. Urge corrigir criteriosamente a arbitrariedade cometida e tomar providências para ajudar as instituições mais sacrificadas do serviço público.

A área da cultura, como sabemos, foi uma das maiores vítimas. Boa parte de suas unidades está semiparalisada, sem recursos e com grave carência de pessoal. A reintegração dos bons funcionários afastados, legal ou ilegalmente, é necessária.

A SBPC, desde o início, denunciou a farsa grotesca da reforma administrativa, que penalizou dezenas de milhares de brasileiros, com graves conseqüências para a atuação do poder público. É necessário reparar os danos, como etapa do projeto maior de lutar para que voltemos a ter um serviço público dignificado e eficiente a serviço do Brasil.

Jornal do Brasil, 14/10/93

15
Política e crime

Todos aqueles que estudam, investigam ou têm algum tipo de conhecimento sobre o *mundo do crime* sabem de sua natureza tentacular. Constitui redes, produz ramificações, infiltra-se em todos os domínios e esferas da sociedade. Daí a necessidade de um combate constante, ininterrupto, sem tréguas para defender o bem e a moralidade públicos. Trata-se de uma luta legal, política e ética.

Os políticos brasileiros identificados como corruptos fazem parte do *mundo do crime*. Tanto o grupo de Collor como os investigados pela CPI da corrupção — que, aliás, são companheiros e associados da mesma rede — são criminosos. É preciso processá-los e puni-los exemplarmente para impedir a destruição do estado de direito. No caso, a justiça já está falhando, porque tarda de modo lamentável. A impunidade produz o descrédito e a desesperança em um possível projeto democrático.

A CPI da corrupção foi precipitada pelas denúncias de um possível criminoso. Os seus crimes, caso comprovados, não podem ser pretexto para desestabilizar o processo de apuração de tudo que já vem sendo levantado e descoberto sobre políticos brasileiros. As denúncias, inevitavelmente, vieram do *mundo do crime* de que fazem parte os corruptos, assim como os assassinos. Seria pouco provável que as informações essenciais viessem através de madre Teresa de Calcutá ou de outra figura de conduta ilibada dos cenários nacional e internacional. Só uma pessoa envolvida na rede criminosa teria condições de trazer os detalhes e minúcias que podem sustentar a ação policial e legal. Sabemos que tudo será feito para encerrar a CPI da corrupção, assim como as investigações sobre Collor, PC e seus asseclas. É hora de resistir a essas tentativas e insistir na campanha pela moralidade e cidadania. O fato de estar surgindo uma infinidade de desdobramentos nas denúncias só deve ser motivo de alento ao prosseguimento das investigações para que seus resultados sejam duradouros. O estabelecimento de etapas e prioridades não pode ser pretexto para o encobrimento de personagens centrais e estratégicos na política nacional.

Por mais repulsivo que possa ser, urge dar continuidade ao trabalho de limpeza. A sociedade civil já deu provas de seu vigor e vontade de mudar o país. Não há como minimizar a vitória da campanha pelo *impeachment* de Collor. Foi a partir daquela luta cívica que passamos a acreditar mais no desenvolvimento de uma cidadania efetiva no Brasil. Saímos das trevas do regime militar, combatendo o autoritarismo e o obscurantismo. A corrupção é o outro lado da dominação e da exploração. De um modo trágico, estão sendo desvendados os subterrâneos do mundo oficial, com todas as suas implicações sinistras. Não se pode permitir que a figura do possível criminoso que fez as denúncias seja usada para desviar a opinião pública da questão central sobre a natureza da vida política brasileira. Sobretudo é preciso ficar bem nítido para a nação que estamos lidando com uma *rede de criminosos* cujo âmbito e extensão são amplos e diversificados. Aí residem a gravidade do desafio e a importância da luta.

Jornal do Brasil, 1/12/93

16
Lições mexicanas

A tragédia de Chiapas é uma advertência para o mundo todo, mas sobretudo para países como o Brasil, que vivem uma situação de extrema desigualdade e tensão sociais. O que tem sido apresentado como uma explosão súbita é produto de séculos de opressão, agravada nos últimos anos por políticas governamentais de fachada modernizante, caracterizadas pela omissão e irresponsabilidade sociais. A desmoralizada explicação da presença de agentes alienígenas infiltrados é conhecida de todos nós. Os mexicanos de origem maia tradicionalmente têm resistido e se rebelado contra os desmandos das oligarquias e dos governos, lutando por sobrevivência e dignidade. As pretensões primeiro-mundistas do governo Salinas, com o Projeto Nafta, do mercado comum, como bem mostrou Newton Carlos nesta página, tenderam a encobrir toda a complexidade e as contradições da vida mexicana.

Dentro das sociedades complexas, sempre existem grupos e segmentos com identidade própria, que necessitam de espaço material e simbólico para sua continuidade. O Estado nacional não é, necessariamente, incompatível, ao contrário do que pensam teóricos brasileiros da geopolítica, com o pluralismo sociocultural. Não só os grupos indígenas, mas todas as minorias ou segmentos que apresentam alguma singularidade procuram manter-se, por meios pacíficos ou não, diante da pressão de interesses econômicos e políticos que funcionam com mentalidade de rapina e saque. Estes, cada vez mais, aparecem cobertos por roupagem de pseudomodernidade, ressuscitando múmias e mitos do capitalismo mais retrógrado. No México, os descendentes dos maias ainda têm forças para esboçar uma reação contra a truculência do governo, associado a grupos econômicos, voltados à imposição de uma economia de mercado pretensamente moderna, mas, antes de tudo, social e culturalmente destrutiva. No caso do Brasil, a esmagadora maioria dos grupos indígenas foi sacrificada, com perda incalculável de vidas humanas e de culturas singulares. Constituíram o caso-limite dentro de um universo maior de uma população heterogênea, com tradições e costumes próprios, explorada e desrespeitada. Para alguns, essa preocupação é uma nostalgia de antropólogos nefelibatas, pouco afeitos à realidade do mundo moderno. Acreditam que a história se faz com vitoriosos e derrotados e que a estes nada mais resta senão desaparecer, de preferência de modo silencioso.

A revolta de Chiapas, potencial guerra civil, mostra como essa visão simplista de progresso pode ser desastrosa. É uma advertência também para aqueles que pregam o desmantelamento do Estado em nome de um neoliberalismo obtuso.

Contemporaneamente, no chamado Terceiro Mundo — que inclui México e Brasil —, é inviável a democracia representativa sem uma forte presença do poder público nas áreas da saúde, saneamento, educação, assistência social, proteção a menores e a idosos, habitação, desenvolvimento científico, patrimônio cultural, entre outras. Chega a ser hipócrita sugerir que a iniciativa privada pode desincumbir-se dessas tarefas. A oligarquia brasileira vive, com raras exceções, permanentemente o seu festim de Baltazar, consumindo e gastando com voracidade, sem qualquer preocupação social e sem admitir abrir mão de um centavo de seus lucros astronômicos em cima de uma das mãos-de-obra mais baratas e exploradas do planeta. É com alegria que a ela vêm associar-se grupos empresariais do Primeiro Mundo para realizarem os "negócios do Brasil", leia-se mais lucrativos, hoje em dia, do que os da China. O caso PC e a CPI da corrupção têm revelado a ética e a sensibilidade social de certos empresários.

Para os arautos da modernidade neoliberal, falar em reforma agrária, melhor distribuição de renda, respeito às terras indígenas, taxação de lucros exorbitantes, maior rigor fiscal soa como heresia que deve ser combatida a ferro e a fogo. Sem dúvida, o capital e a iniciativa privada têm, e devem continuar tendo, um papel fundamental no desenvolvimento do país. Contudo, o Estado não só não pode deixar de exercer um papel regulador, mas precisa liderar e exercer as principais tarefas nas áreas estratégicas citadas.

No Brasil, o combate à inflação deveria ser visto não como um fim em si mesmo, mas como um instrumento explícito de luta contra a desigualdade social. A violência disseminada pela sociedade brasileira, mais aguda nos grandes centros urbanos, é o sintoma mais flagrante da crise. Expressa e sintetiza o fracasso ético e a falta de vontade política de desenvolver um projeto nacional em que democracia e reforma social caminhem associadas. Isto seria, efetivamente, um movimento socialdemocrata, diferente do que temos visto por aqui. O *impeachment* de Collor, a campanha pela cidadania, a luta contra a fome têm sido instrumentos importantes para o despertar de uma consciência cívica e social. No entanto, podem ser desperdiçados caso não haja clareza quanto aos objetivos a serem alcançados. A iniqüidade social é incompatível com qualquer tipo de democracia. Cabe ao Estado, obviamente respaldado e apoiado pela sociedade civil, garantir as condições mínimas de sobrevivência e dignidade para a população do país. Não pode adiar as tarefas ou omitir-se diante dessas responsabilidades. A rebelião de Chiapas, da mesma forma que os motins de Caracas e de Santiago del Estero, são sinalizações alarmantes quanto ao perigo de políticas neoliberais, bem-comportadas diante do FMI e insensíveis em face das necessidades materiais e especificidades culturais dos setores mais carentes da sociedade.

Jornal do Brasil, 18/1/94

17
Memória e política

A história está repleta de períodos e situações em torno dos quais se desenvolvem versões polêmicas e contraditórias. Por exemplo, o nazismo e a Segunda Grande Guerra constituem fonte de novos relatos, depoimentos, acréscimos e retificações. Pesquisas acadêmicas, romances, peças de teatro e filmes, como o recente *A lista de Schindler*, demonstram a importância desse resgate de memória. Apesar de existir até quem negue o fenômeno dos campos de concentração, da violência do regime nazista e do holocausto, há um razoável consenso em torno da aberração que foi o III Reich.

No Brasil, o fim do regime militar, inaugurado em 31 de março ou 1º de abril de 1964, não foi marcado por nada parecido com os tribunais de Nuremberg. A abertura gradual, a complexa negociação política, as pressões internacionais deram, como sabemos, um contorno relativamente suave à mudança de regime. A derrota da Campanha das Diretas, a morte de Tancredo Neves e a ascensão de Sarney reforçaram o caráter conciliador, quando não acomodatício, da chamada transição democrática. A "anistia recíproca" foi o pragmático instrumento usado para diluir ressentimentos e antagonismos dramáticos. Pode-se até não concordar com esse processo, lamentando certas impunidades particularmente escandalosas. O fato é que assim foi feito e hoje assistimos a convívios e alianças inimagináveis há vinte ou mesmo dez anos. É, pelo menos, um fenômeno fascinante a ser investigado. Na mencionada Alemanha, assim como em outras sociedades, processos semelhantes também ocorreram, retirando do Brasil o mérito da originalidade.

Não se trata de igualar o regime militar brasileiro ao nazismo. Sabemos das boas intenções e das convicções democráticas de boa parte dos participantes do movimento de 64. O governo Goulart e a esquerda da época cometeram erros de tática e estratégia, fazendo provocações tolas e avaliando mal a conjuntura política. Talvez hoje seja fácil fazer essas observações e também não cabe crucificar as forças progressistas daquele período.

Mas os vitoriosos de 64 constituíam um bloco heterogêneo, cheio de divisões e contradições. As boas intenções democráticas foram, desde o início, sendo atropeladas pelas facções de extrema direita, fascistóides. Cassações, censura e perseguições ideológicas de todo tipo proliferaram. Entre idas e vindas, desenvolveu-se um setor radical composto de militares — apoiado por setores civis —, que considerava justo e razoável utilizar a força bruta em defesa dos seus objetivos políticos e econômicos.

Em boa parte do governo Costa e Silva, durante a Junta e no governo Médici, floresceu uma tropa de choque semiclandestina que prendia, seqüestrava, torturava e matava adversários reais ou imaginados. Foi só no governo Geisel que de fato se iniciou uma contenção efetiva dos conhecidos "bolsões radicais".

Uma das várias explicações para a violência da sociedade brasileira contemporânea reside no uso indiscriminado e selvagem da força bruta naquela época. São notórias as raízes seculares da violência na sociedade brasileira. Mas não há como ocultar que no regime militar se desenvolveu uma *cultura da brutalidade* que acabou envolvendo também setores da esquerda. A própria idéia de seqüestro, por exemplo, foi, digamos assim, "divulgada" pelas práticas de então.

Ao lado dos notórios episódios envolvendo diplomatas estrangeiros capturados por grupos de esquerda, assistimos à rotina de invasões de domicílio, com o desaparecimento de pessoas pela ação dos SS tropicais, muitas vezes com o beneplácito de comandos superiores.

As situações e as pessoas mudam, assumem papéis e identidades diferentes, há casos de sincero arrependimento. Não se trata, portanto, de promover revanchismo nem estimular caça às bruxas. Mas, na hora de rever os fatos da história recente, há que salientar que vivemos uma experiência que não deve ser esquecida.

As possíveis realizações de um regime autoritário não devem obscurecer o elevado preço pago em vidas e dignidade humana. Isso deve ser transmitido às novas gerações para que entendam um pouco melhor o seu país.

O uso indiscriminado da força e a *cultura da violência*, acionados por quem for, devem ser rejeitados com todo o vigor da civilidade e da democracia. Essa é uma das heranças mais indesejáveis do regime inaugurado em 64. Não pode ser comemorada

Jornal do Brasil, 7/3/94

18
A FEB e a democracia

O cinqüentenário do Dia D, da invasão da Normandia, amplamente comemorado como episódio central da Segunda Guerra Mundial, coincide com o aniversário da participação brasileira naquele grande conflito. É momento oportuno para refletir sobre a relação de nossas Forças Armadas com a sociedade nacional como um todo.

A Força Expedicionária Brasileira (FEB) teve uma participação no *front* italiano modesta em números, mas repleta de momentos de dedicação e heroísmo. Em condições extremamente adversas, nossos oficiais e soldados viveram experiências dramáticas, como as narradas no livro *MinaR,* de Roberto de Mello e Souza. As tentativas de desqualificar e ridicularizar a participação das tropas brasileiras revelam falta de informação e preconceito. É importante valorizar esse lado da história militar nacional, até para contrastá-la com o desvario dos órgãos de repressão durante a ditadura.

As contradições e idas e vindas da política externa do governo Vargas não apagaram a importância simbólica da presença brasileira contra o nazifascismo. Sabemos que alguns oficiais veteranos da FEB participaram decisivamente do golpe e do regime militar. Ainda assim, a luta no *front* italiano foi uma aproximação de nossas Forças Armadas com o ideário democrático. Mais tarde, os oficiais que viveram aquela grande aventura dividiram-se na política brasileira, ficando em campos opostos tanto no Exército como na Aeronáutica.

A opressão da ditadura durante vinte anos e, particularmente, as atrocidades dos órgãos de repressão geraram uma hostilidade e desconfiança em relação aos militares, difícil de superar. Recentemente, o fato de o atual governo ter convocado oficiais para ocupar cargos na administração federal chegou a gerar preocupação em vários setores. Na realidade, desde o Império e durante toda a República, militares desempenharam atividades fora de suas atribuições estritamente castrenses. A sua formação e um padrão de disciplina e eficiência justificavam essa convocação num país que durante muito tempo teve escassez de quadros qualificados. A construção de estradas, o mapeamento do território, a instalação do telégrafo, o Correio Aéreo Nacional, as operações de busca e salvamento foram algumas das atividades em que sempre se envolveram as Forças Armadas, cooperando com a sociedade civil.

Tudo isso deve ser lembrado para evitar visões simplistas e maniqueístas do mundo militar. O atentado à democracia, sob pretexto de salvá-la, cometido em 64, por civis e militares produziu o regime autoritário que serviu aos interesses de capitalistas vorazes e de um grupo de oficiais que exerceu o poder de modo discriminatório. Sabemos dos matizes existentes dentro do bloco militar da época, com variados tipos de participação. Mas é inegável que durante vinte anos as Forças Armadas dividiram o poder com o que há de pior entre políticos e empresários brasileiros. Por outro lado, a autonomia que os órgãos de repressão conquistaram ameaçou a sociedade brasileira como um todo e, particularmente, as próprias instituições militares, na medida em que a hierarquia era sistematicamente desrespeitada e contestada. Houve um período em que generais não controlavam oficiais de patente inferior, possuídos por um furor homicida de SS. A própria abertura só pode ser entendida como sendo resultado, ao lado da luta da sociedade civil, do esforço interno às Forças Armadas para controlar radicais. Neste ano de 1994, portanto, aniversariam o golpe de 64 e a FEB. Embora existam relações entre um e outro, cabe sublinhar a diferença dos seus significados para o país como um todo. A homenagem aos pracinhas é tributo à democracia e um repúdio à ditadura.

Jornal do Brasil, 6/7/94

19
A falência do poder público

O Rio de Janeiro vive hoje, como caso-limite, o grande drama de uma sociedade desequilibrada e desigual, em que a linguagem da civilidade se esgota diante da ascensão da violência.

Os recentes episódios de pessoas atingidas por balas perdidas, a nova onda de assaltos e seqüestros, incidentes entre policiais e o recrudescimento da guerra entre traficantes levaram a sociedade carioca a um clima de pânico. Não importa tanto, neste momento, se a mídia exagera ou distorce em casos específicos. É impossível medir a subjetividade da população para afirmar que se trata de um medo excessivo. O fenômeno social que estamos vivendo é o da violência associada ao pânico. São as duas faces da mesma moeda, num movimento de permanente alimentação recíproca. A mídia expressa e aguça o sentimento de insegurança generalizada, e a divulgação de ações criminosas mantém a população informada e sobressaltada em relação ao que está se passando. Poder-se-ia esperar que outras notícias e diferentes tipos de programa também fossem apresentados dentro de uma política de esclarecimento e apoio ao público. A censura das notícias seria um terrível retrocesso, embora, sem dúvida, devesse haver maior cuidado com o modo como certos episódios são divulgados.

De qualquer forma, a violência é a pior face de uma perda mais geral de padrões de interação social de civilidade. Não temos mais os costumes de reciprocidade de um sistema hierárquico tradicional e não conseguimos gerar padrões igualitários de cidadania. Vivemos o pior dos mundos, com a ascensão de ideologias individualistas selvagens associadas a mecanismos de dominação e discriminação do *ancien régime,* sem nenhuma de suas compensações materiais e simbólicas.

O tráfico internacional de drogas e armas acrescentou elementos poderosos e acelerou esse processo de crise social generalizada que se vem formando desde, pelo menos, o período da pior repressão desagregadora da ditadura. O desemprego, a recessão e a inflação, imbricados perversamente a um desenfreado desejo de consumo, agravaram ainda mais o quadro.

Não há como escamotear os problemas reais que estamos vivendo. Há violência em todo o Brasil, na cidade e no campo, e em vários lugares do mundo. No Rio, por sua imagem e por suas inúmeras dimensões positivas e atraentes, essa problemática assume proporções de escândalo. Este se torna maior diante do evidente fracasso do poder público em garantir condições mínimas de segurança para a população. A incompetência, o descaso, a conivência, a falta de vontade política, a incapacidade de promover iniciativas e reformas efetivas abalam a imagem não só dos governos municipal e estadual mas do Estado, através do governo federal. A extensão e a complexidade da rede de interesses que floresce associada à criminalidade deixam claro que, a par das iniciativas locais, urge uma política de segurança pública em nível nacional. Isto não significa fortalecer o aparelho repressivo pura e simplesmente, mas sim a implementação de um projeto democrático de reforma e assistência social, voltado simultaneamente para a destruição dessas organizações e práticas criminosas que minam a sociedade.

A combinação de inevitáveis e urgentes medidas de segurança com reformas que visem a atenuar a iniqüidade social alarmante exige a articulação dos níveis municipal, estadual e federal. No caso do Rio, não é possível minimizar a responsabilidade das autoridades locais diante do agravamento da crise. No entanto, existe um papel fundamental de maior âmbito, que só pode ser exercido pelo governo federal. Não se trata de pregar a intervenção no Rio, mas sim de cobrar do Estado o desempenho de suas tarefas maiores. Por tudo isso é de se estranhar a pouca atenção que os principais candidatos à presidência da República têm dado à violência e à criminalidade. Deverá caber ao novo governo federal a missão de liderar e coordenar uma política de paz social para todo o país. Sem esse projeto, estaremos condenados a crescentes caos e desesperança.

Jornal do Brasil, 2/8/94

20
Eleições e democracia

As crescentes emoções da campanha eleitoral, associadas às estratégias em busca da vitória, inevitavelmente obscurecem aspectos centrais do movimento histórico que estamos vivendo. Já há sinais de que, depois de um início meio morno, os principais contendores tenderão, diretamente ou através de seus seguidores, a acusações, denúncias e críticas mais vigorosas. Isso faz parte do processo político das eleições e, até certo ponto, corresponde à dinâmica da democracia política. Vale a pena lembrar que estamos retomando, com dificuldades, o caminho democrático, atropelado pelo regime militar, este, por sua vez, sucedido pelo frustrante governo Sarney e pela tétrica aventura collorista. Assim, é importante sublinhar que, apesar de todos os percalços do nosso dia-a-dia, estamos produzindo a nossa democracia, depois de décadas de obscurantismo, censura e repressão. Ou seja, muito já se conquistou e sabemos o quanto há a conquistar. Particularmente no Rio de Janeiro, enfrentamos o cotidiano de insegurança, de violência e de ineficácia do poder público. Mas, por outro lado, assistimos ao movimento Viva Rio e a várias outras iniciativas em defesa da cidadania, da qualidade de vida, do meio ambiente etc.

Quanto à disputa pela presidência da República, cabe registrar que estamos, aparentemente, diante de um opção que apresenta aspectos favoráveis inéditos. Não se trata de diluir as importantes diferenças entre os programas de Fernando Henrique e Lula, nem disfarçar os antagonismos e conflitos. Mas frise-se que ambos são candidatos cujas carreiras e trajetórias expressam um firme compromisso com a democracia. Nem o sectarismo autoritário de facções petistas nem algumas alianças menos digeríveis feitas pelo PSDB apagam o quanto FHC e Lula representam em termo de adesão e dedicação aos valores democráticos fundamentais. Portanto, queremos deixar para trás a ameaça da ditadura, cuja memória é tão dolorosa e recente, assim como todas as alternativas autoritárias de direita e de esquerda. Essa é a principal conquista de nossos dias e a ela devemos nos apegar.

A união das forças democráticas, acima das importantes diferenças de interpretação e objetivos políticos específicos, constitui o grande patrimônio da nação brasileira. É ele que poderá viabilizar, depois das eleições, qualquer que venha a ser o resultado, o prosseguimento da consolidação da democracia.

Jornal do Brasil, 17/8/94

21
A construção da democracia

Como era previsível, à medida que se aproxima o dia das eleições, a campanha torna-se mais acirrada, com denúncias, acusações e alguns insultos.

O alvo preferencial, de modo também inevitável, é o líder das pesquisas de opinião. Ele, o seu partido, o governo de que fez parte, os seus aliados são atacados de todos os lados do espectro ideológico que tem em comum a probabilidade da derrota.

Por mais lamentáveis e graves que tenham sido os episódios Ricupero e Stepanenko, é curioso registrar a tentativa de impugnar a candidatura que está disparado na ponta das pesquisas. Será que esse movimento de impugnação da candidatura de Fernando Henrique, por mais retórico que seja, expressa o apreço que seus adversários têm pela democracia? Do mesmo modo, soa irresponsável querer punir a candidatura Lula pelo óbvio apoio que tem de organizações sindicais. Será esta a guerra do vale-tudo ou do faz-de-conta?

Não é fácil, nem necessariamente desejável, tentar colocar-se *au dessus de la melée* num momento como o que estamos vivendo. Mas um certo esforço de distanciamento poderia ser útil para o próprio aperfeiçoamento da democracia. O fato é que o clima político, ao se acirrar, acentua a mentalidade de que “o fim justifica os meios”. Nesse debate sugere-se, por exemplo, que

Lula, como Collor, confiscará a poupança; enquanto, do outro lado, acusa-se Fernando Henrique de ser igual, mais uma vez, ao próprio Collor, devido a apoios que tem recebido de setores colloristas. Quem efetivamente acredita nessas afirmações? Sem ter condições de avaliar o real impacto dessa guerra de acusações na opinião pública, é inevitável perguntar sobre o seu efeito no processo de democratização do país a longo prazo. Na realidade, abre-se um verdadeiro concurso para ver quem distorce mais os fatos, quem mente mais, quem elabora versões mais eficazes, na tentativa de desmoralizar o adversário.

Indiscutivelmente, o grande campo de batalha está na mídia, onde os fatos e suas versões serão veiculados, focalizados ou eventualmente omitidos. Marqueteiros, políticos e jornalistas se desdobram, com maior ou menor grau de conflito, na construção desses enredos que não apresentam um compromisso linear com a chamada verdade dos fatos, de certa forma, uma ficção em si mesma. Sabemos que sempre temos versões, nunca os fatos puros, mas há diferentes graus e qualidades da intenção deliberada de distorcê-los, com finalidades eleitorais.

Caberá aos eleitores enfrentar as dificuldades advindas desse tipo de campanha. Até que ponto é possível construir uma cidadania responsável a partir desse jogo em que a dimensão ética tem papel tão obscuro?

Jornal do Brasil, 13/9/94

22
A negociação das diferenças

Considero um privilégio poder escolher entre Fernando Henrique e Lula nesta eleição presidencial. Não pertenço a nenhum partido. Nos últimos anos, votei em candidatos do PSDB, do PT, do PSB e do PMDB. Desejei uma aliança que viabilizasse uma chapa capaz de congregar a esquerda democrática com o apoio de outros partidos. Isto não foi possível devido a variáveis que confirmam a tradicional dificuldade de união das forças progressistas.

Assim, tendo lamentado a impossibilidade de unir as esquerdas, constato a situação inédita de poder optar entre dois políticos democratas e progressistas, depois de uma longa ditadura militar e de dois governos civis arbitrários e manipuladores.

Não vou encobrir a minha identificação pessoal com um grande cientista social, brilhante político, com quem tenho laços de amizade. Mas, também, é verdadeira minha admiração por um extraordinário líder da classe trabalhadora cuja trajetória é objeto de reconhecimento por todos os verdadeiros democratas brasileiros.

Acredito, no entanto, que existe uma fatalidade sociológica que pesa sobre a candidatura Lula. Sua força advém de seu profundo e legítimo vínculo com a classe trabalhadora. Isto não implica nenhuma limitação de ordem individual, mas estabelece um impasse político. Quando se trata de disputar a chefia da nação, cria-se uma contradição entre os papéis de grande líder de classe e de aspirante à presidência de todos os grupos e segmentos sociais.

Quando Lula tenta transcender sua liderança de origem, lembra o gigante Anteu, que, afastado do contato com Gea, a terra, se enfraquecia de modo fatal, sendo assim derrotado por Hércules. Ou seja, a grande força de Lula provém, sobretudo, de sua ligação com a classe trabalhadora, seus interesses específicos e particulares, que não são iguais aos da nação como um todo. Há que negociar e nesta negociação Lula se enfraquece, dividido entre grupos que desejam alianças e aqueles que não as admitem em nome da integridade da representação dos trabalhadores.

Enquanto isso, Fernando Henrique, na sua condição de político e intelectual, livre desse tipo de vínculo, tem maior trânsito entre os diferentes grupos políticos, podendo negociar e fazer alianças sem se enfraquecer na base. Isto não significa que eu goste e valorize igualmente todos os seus aliados, mas vejo a possibilidade efetiva de outras alianças serem feitas, que fortaleçam mais ainda a dimensão socialdemocrata de seu programa.

Não creio que seja possível governar o Brasil, consolidando a democracia, sem negociar com todos os grupos. É óbvio que acredito que existem questões políticas e éticas que são inegociáveis quando se combate a corrupção e se luta pela justiça social. É aí que aposto na vocação de estadista de Fernando Henrique.

Suas características pessoais e intelectuais compõem um perfil político que o destaca de um setor ou grupo particular. O seu talento, a sua identidade universalista, a sua origem na *intelligentsia*, a sua visão de nação dão-lhe condições excepcionais para exercer o papel de grande articulador e de líder nacional.

Vale frisar que, na atual composição interna e na distribuição de poder dentro do PT, identifico dificuldades para qualquer política de aliança. Já Fernando Henrique, por suas qualidades de articulador associadas ao Plano Real e ao controle da inflação, encarna a possibilidade de implementação de um projeto nacional, resultado de acordos entre os diferentes atores sociais.

O plano não basta e necessita de desdobramentos diversos para que o país saia da grave crise social que vem atravessando. Para isso, urge estabelecer um espaço de diálogo, não para dissolver as diferenças, mas para negociá-las.

Sustento que as forças conservadoras que apóiam a candidatura de Fernando Henrique estão sendo obrigadas a isto. Não conseguiram extrair de seus quadros liderança que apresentasse chances de ganhar a eleição. Não há dúvida de que o temor a Lula e ao PT é determinante de mudança de estilo e de atitude da direita tradicional. Ela está sendo levada a reformulações. Precisou fazer alianças, mas, ao fazê-las, transforma-se, caminhando para o centro.

Não é possível governar o Brasil democraticamente ignorando os grupos conservadores. Por outro lado, para que um projeto socialdemocrata possa vir a ser efetivamente implementado, será imprescindível a participação do PT, através de seus melhores quadros e de lideranças como a de Lula, insubstituível no seu papel.

Voto em Fernando Henrique convicto de que a sua vitória não só consolidará a democracia como deverá equilibrar a prioridade da estabilidade econômica com a retomada do desenvolvimento e com a luta pela justiça social. Sobretudo, representa a possibilidade de a sociedade brasileira encontrar-se, através da discussão e do confronto de seus interesses particulares e diferenças, em um projeto mais amplo que seja benéfico para todos, na medida em que se sustenta em valores efetivamente democráticos.

Folha de S. Paulo, 30/9/94

23
Política e segurança

O Rio de Janeiro, hoje, tem na segurança o tema central de qualquer discussão sobre seu futuro. Já sabemos que existem outras grandes cidades no mundo com elevados índices de criminalidade. Poucos ignoram que, em praticamente toda metrópole, existem áreas de alto risco que devem ser evitadas. A situação dos guetos nos Estados Unidos, por exemplo, onde gangues de diferentes minorias se digladiam, é conhecida. Em Nova York, Washington e Los Angeles, entre outras, registram-se conflitos e episódios cruentos e chocantes.

Dentro do Brasil, a violência acompanha a desigualdade social, a miséria, a falência do poder público, em todas as regiões. São Paulo, particularmente, tem sido palco de assaltos espetaculares, seqüestros e ações brutais dos órgãos de segurança, como na tragédia do Carandiru, quando 111 presos foram massacrados pela polícia.

Tudo isso não consola e nem obscurece a gravidade da situação do Rio. Por motivos geográficos, históricos e sociológicos, aqui existe uma interação direta e permanente entre categorias sociais contrastantes em termos de renda, moradia e oportunidades em geral. Este convívio, que durante muitas décadas foi relativamente pacífico, com padrões de reciprocidade minimamente funcionais, tornou-se cada vez mais agressivo, chegando atualmente à situação de confronto e grande violência. Não há como negar que, ao lado do crescimento urbano desordenado e da crise econômica dos últimos anos, tivemos no Rio uma política pública particularmente desastrosa na área de segurança. As deficiências tradicionais da polícia foram agravadas por uma visão populista demagógica que não só não evitou como chegou a estimular o confronto entre categorias sociais. É dentro deste quadro que defrontamos com a ocupação do espaço público por camelôs, pedintes e menores desassistidos, joguetes de política populista e interesses escusos, enquanto instituições especializadas são abandonadas e soluções de racionalização do espaço urbano, sabotadas. O estatuto do menor é utilizado como instrumento que paralisa a ação dos organismos de apoio e prevenção oficiais, esvaziando as iniciativas, por exemplo, do Juizado de Menores. Nessa desordem chegamos ao ponto de ver a autoridade municipal incentivando a privatização da segurança do espaço público, enquanto a polícia se desmoraliza cada vez mais, sem preparo, recursos e, sobretudo, sem a confiança da população.

Quando se trata de lidar não mais com a "população das ruas", mas com os bandidos de diferentes tipos, armados pelo tráfico, fica ainda mais evidente a falência da política de segurança.

Guerras nos morros, seqüestros, assaltos a bancos, comércio e residências, roubos e agressões compõem o cotidiano do carioca dos anos 90. O menosprezo pelo sentimento de insegurança da população, atribuído à ação maligna da mídia, confirma a miopia dos governantes. Por outro lado, o envolvimento da polícia com o mundo do crime é constantemente denunciado em episódios escabrosos. É a partir daí que se desenvolve o clima favorável às soluções radicais de repressão e extermínio; de um modo um pouco caricato *é* como se a opção fosse ou nada fazer ou matar os suspeitos de delinqüência. Entre a inoperância e a violência dos esquadrões da morte e dos justiceiros, sofre a população. À demagogia populista contrapõe-se o projeto repressivo fascistóide que tanto sucesso vem fazendo em vários setores sociais.

Estamos, certamente, chegando a um momento fundamental para o Rio de Janeiro. A sociedade civil, com dificuldades, tem procurado tomar iniciativas, como no movimento Viva Rio. Não é possível desconhecer essa novidade. Delineia-se uma alternativa viável à ineficiência e omissão ou aos massacres, como os da Candelária, Vigário Geral e agora Nova Brasília. A idéia de um policiamento comunitário e de centros de apoio às populações carentes já existia, mas faltava a vontade política para implementá-la de modo mais efetivo e disseminado pela cidade. O poder público tem responsabilidades e deveres. Precisa, no entanto, da fiscalização e do apoio da sociedade civil, sob pena de permanecer isolado e perdido nas suas prioridades e tarefas. A luta intestina dentro dos órgãos de segurança, a corrupção, a conivência com o crime e o despreparo profissionais têm de ser superados não só com a chegada de recursos necessários, mas com uma drástica mudança de mentalidade, apoiada num projeto de cidadania.

Para isso, além de urgente articulação com o governo federal, sobretudo no que diz respeito ao tráfico de drogas e armas, também urge a formação de uma política que unifique as autoridades estaduais e municipais em busca do bem-estar da população como um todo.

No entanto, é preciso que fique claro que a participação da sociedade civil não substitua a ação do poder público. Não se pode empurrar, para os comerciantes, por exemplo, a responsabilidade da segurança nas ruas. Isto não só é ilegítimo, como é perigoso, com o fortalecimento das milícias privadas e tropas particulares que já se constituem em ameaça à cidadania.

Qualquer política de segurança desligada da questão social está fadada a perpetuar problemas. Mas ignorar as necessidades específicas, como reaparelhamento e reforma dos organismos policiais, é escamotear a gravidade da situação.

Há que enfrentar o mundo do crime que não está só no Rio, mas que atua praticamente em todo o país, envolvendo traficantes, bicheiros, políticos e policiais. Corrupção, suborno e fraude estão na ordem do dia, com particular estrépito no Rio. Por sua importância política, econômica e cultural, com o peso dos símbolos e significados que se associam à sua imagem, o controle da violência no Rio terá repercussões altamente positivas para todo o Brasil. A retomada do desenvolvimento e a consolidação da democracia passam, necessariamente, pelo estabelecimento da paz social. Daí a necessidade de participação vigorosa do governo federal no enfrentamento da violência no Rio de Janeiro. Deve ser prioridade para o atual e para o futuro governos.

Jornal do Brasil, 28/10/94

24
Rua e cidadania

No momento em que o Rio vive a expectativa do início de uma campanha séria visando ao controle da violência, urge meditar sobre a situação das ruas da cidade. Elas têm sido cenário de tumultos e conflitos de toda espécie, ocasiões em que se confirma a dificuldade da autoridade pública em controlar as diferentes categorias que proliferaram devido à crise econômica do país, particularmente do Rio. No entanto, a presença de camelôs, pedintes e menores desassistidos, entre outros, nos espaços públicos aumentou consideravelmente nos últimos anos, também devido a uma concepção política específica no que concerne às camadas mais pobres da cidade. O governo brizolista, dentro da lógica populista, deu a essas categorias acesso quase irrestrito às ruas, sustentado por uma curiosa visão de cidadania e direitos humanos. São situações distintas que merecem análises específicas, mas que tomadas em conjunto produzem um quadro urbano particularmente tumultuado.

Existem ligações claras entre ambulantes, pedintes e meninos de rua com o mundo do crime em diversos níveis. Isto não os torna todos criminosos mas contextualiza suas relações, por exemplo, com contrabando, exploração de menores e tráfico de drogas. Portanto, seja como carrascos, seja como vítimas, ou às vezes nos dois papéis, estão envolvidos em atividades ilegais. Conhecemos várias propostas sérias que podem reverter parcialmente essa situação. Programa de renda mínima, apoio às famílias e comunidades carentes em geral, reforma e modernização de escolas e instituições voltadas para a infância e a adolescência são algumas das medidas que dependem da ação conjunta do poder público e da sociedade civil. Mas, paralelamente, há que intervir na caótica situação atual, que é, antes de tudo, perigosa para a chamada *população de rua*. Esta categoria vem sendo construída e legitimada por interesses políticos específicos e por agências dos mais diferentes tipos e orientações, ampliando os fatores objetivos e motivações subjetivas fortes que empurram um número considerável de indivíduos para as vias públicas.

Enfatize-se que a permanência dessas pessoas na rua, especialmente no caso dos menores, constitui uma ameaça à integridade delas próprias e das outras categorias sociais. Ou seja, dentro do universo de alternativas possíveis, esse caminho leva a conflitos e seqüelas de grande repercussão. Há mais de trinta anos Odilo Costa Neto foi assassinado em Santa Teresa por um adolescente pobre numa tentativa de assalto. O fato constituiu-se em *cause celébre*, com forte impacto na opinião pública. A mídia deu grande cobertura ao episódio. A questão do menor foi objeto de intensa discussão, problemas antigos foram retomados, reformas propostas. Foram sugeridas e encaminhadas linhas de trabalho que escapassem à mera repressão policial e modernizassem instituições então existentes, como o Serviço de Assistência ao Menor (SAM).

Hoje, existe um campo específico construído em torno da problemática da criança e do adolescente, envolvendo instituições públicas e privadas com diferentes saberes e especialistas, voltados para essa temática perturbadora e complexa. Reconhecendo a seriedade de boa parte dessas iniciativas, há que constatar a eficácia relativa dos resultados de suas ações, diante da extensão e magnitude do problema. Se, por um lado, a legislação garantiu certos direitos básicos a crianças e adolescentes, vulneráveis até então a todo tipo de abuso, por outro dá margem a interpretações que inibem a necessária ação repressiva contra excessos e violência notórios dos bandos de meninos de rua.

São conhecidos de todos os cariocas os assaltos, provocações e agressões cometidos por esses jovens que vivem, no mínimo, na fronteira do mundo do crime. Também a população é testemunha da ineficácia e da incompetência da autoridade policial ao lidar com esta categoria. Medo, indiferença ou cumplicidade sublinham a ação de policiais, muitas vezes testemunhas diretas dos atos de violência. É dentro desse quadro que ocorrem massacres como o da Candelária e outros menos conhecidos. Justiceiros, pistoleiros ou simplesmente indivíduos truculentos fazem justiça por suas próprias mãos, cometendo atrocidades contra os jovens delinqüentes, envolvendo na sua vingança cega até crianças pequenas que acompanham os grupos que perambulam pela cidade.

Estaremos permanentemente à beira de morticínios como o da Candelária se não forem tomadas medidas urgentes para superar essa situação crítica. Os meninos não devem ser tratados como nativos das ruas da cidade com direitos adquiridos em seus territórios. A educação nas ruas como projeto e o reconhecimento da mobilidade e da circulação como valores básicos dessas crianças e adolescentes não podem obscurecer a gravidade dos confrontos em que se envolvem através deste modo de vida. O espaço público urbano implica problemática mais complexa, com permanente negociação entre os diferentes atores sociais, com a presença do poder público para moderar, regular e coibir abusos.

Nada é dado ou natural nas ruas. Estas são a expressão de séculos de transformações do meio urbano, com idas e vindas, redefinições do público e do privado, disputas políticas e elaboração de significados. Tudo isso se passa dentro de uma rede sociocultural dinâmica e complexa. A convivência nas ruas entre categorias sociais distintas em interesses e valores produz inevitável tensão. Daí a necessidade de impedir a violência seja de quem for. Crianças, adolescentes, idosos, adultos, homens, mulheres que estejam ameaçando a integridade física de outros candidatos a cidadão devem ser controlados. Por exemplo, é inaceitável que em muitas áreas da cidade os idosos não possam sair às ruas pela fato de, devido à sua fragilidade, se constituírem nas vítimas preferenciais dos meninos de rua.

Portanto, é fundamental incluir no projeto de controle da violência no Rio a reorganização do espaço público, convulsionado por políticas populistas. A heterogeneidade de experiências e estilos de vida não deve ser usada para legitimar o caos e a insegurança das ruas. Camelôs, mendigos e menores carentes vivem problemas dramáticos, mas urge não perder de vista os direitos das outras categorias. São necessárias regras claras e espaços delimitados para o comércio ambulante não tumultuar mais a vida da cidade.

Essas medidas devem ser implementadas com a maior civilidade possível, evitando que as ruas virem campos de batalha entre camelôs e autoridades. Os pedintes, de diferentes tipos, precisam de assistência variada, inclusive médica, além de ser necessária uma ação para coibir a evidente exploração de crianças. Como no caso dos meninos, há que localizar as famílias quando existirem, procurar apoiá-las em termos de trabalho e orientação e, quando for o caso, encaminhar os indivíduos para instituições que não podem ser dirigidas como prisões ou campos de concentração. Como estão, e isso fica patente no caso dos menores, são permanentes focos de rebelião e violência. Não é possível permanecer entre as alternativas de repressão violenta ou total ausência de controle da população de rua. É, sobretudo, importante procurar atingir uma visão mais abrangente da vida da cidade, investigando as redes de relações sociais e os sistemas de interação, escapando a análises reificantes e fragmentadas.

Jornal do Brasil, 17/11/94

25
O voto útil

Já é lugar-comum afirmar-se que estamos aprendendo a viver numa democracia, depois de muitos anos de regime autoritário. No entanto, falta, com freqüência, apontar-se em que consistiria este aprendizado. Por exemplo, vivemos, atualmente, o período eleitoral, que, em princípio, seria ocasião adequada para o citado aperfeiçoamento. Todavia, tem predominado nesse processo uma visão imediatista que, acredito, em pouco contribui para o amadurecimento político.

O tipo de propaganda, a natureza da maioria dos discursos, o clima de *marketing* em nada favorecem a reflexão crítica e o desenvolvimento de um espírito público, bases da cidadania. Justamente porque sabemos o quanto tem sido ilusória a idéia de cidadania no Brasil, torna-se fundamental aproveitar a ocasião de uma disputa eleitoral para o aprofundamento de questões básicas da vida política e social, sob pena de jamais chegarmos a patamares mínimos de sociabilidade democrática. A discussão municipal não precisa ser rasteira e medíocre.

É precipitado afirmar que o eleitor não se interessa pelas grandes questões. O nível local oferece oportunidade de aprofundamento dos temas mais gerais, através do enfrentamento de problemas concretos próximos. Subestimar o eleitor é um desserviço ao processo democrático. Assim, creio ser importante rever a idéia de vitória a qualquer preço. A eleição não deveria ser um jogo em que o eleitor aposta no candidato que tem mais probabilidade de ganhar, quase independentemente do grau de acordo e identificação com suas idéias e projetos. Um dos principais exercícios do já citado aprendizado é o desenvolvimento da capacidade de identificar políticos que expressem e defendam não só interesses no sentido restrito, mas valores que façam sentido para os diferentes grupos e categorias de eleitores. Assim, a eleição vitoriosa não é o único modo de avaliar a importância de uma campanha. Isto, embora possa parecer óbvio, não é a visão que tem predominado, mesmo entre os quadros políticos supostamente esclarecidos. As discussões, as conversas e os debates poderiam ser ocasiões favoráveis a um enriquecimento das alternativas dentro de uma sociedade complexa como a brasileira. A possibilidade de ampliar diálogos sobre a cidade, o país e o mundo, a partir de diferentes perspectivas, deveria ser explorada com maior seriedade durante a campanha eleitoral. A propaganda demagógica e a troca de insultos não são propícias à emergência de uma cidadania crítica e responsável. Logo, o voto útil não é necessariamente o que é dado a um candidato aparentemente forte, mas sim àquele que ajuda a marcar posições e a defender valores que expressem o ponto de vista de eleitores e grupos específicos. A partir do confronto entre candidatos que fossem realmente porta-vozes e líderes de setores da opinião pública, teríamos a possibilidade efetiva de avaliar suas propostas e qualificações. A argumentação e a clareza dos posicionamentos passariam a ter um peso que hoje se dilui diante dos efeitos pirotécnicos de *marketing* e *slogans* vazios de conteúdo.

A construção da democracia é um processo a longo prazo em que, progressivamente, espaços são construídos, em que diferentes atores podem vir a se manifestar e consolidar suas identidades. A eleição encarada como um jogo imediatista em que predomina o vale-tudo já produziu danos irreparáveis em tempos recentes. Há que superar essa fase para podermos aspirar a conquistas mais efetivas e duradouras.

Jornal do Brasil, 28/8/96

26
Presidencialismo e democracia

O presidencialismo dá, por definição, grande potencial de poder ao Executivo. No Brasil, esse perfil é reforçado por raízes históricas e culturais que realçam a figura do presidente como a encarnação da autoridade e símbolo do poder. As comparações e analogias com a Monarquia são freqüentes e inevitáveis.

Quando o governo apresenta desempenho insatisfatório, não ocupando o referido espaço, em pouco tempo corre o risco da desmoralização e de definhamento acelerado. Os exemplos são conhecidos. Por outro lado, quando o Executivo consegue pôr a máquina política em movimento, implementar objetivos anunciados, mobilizar recursos e poder, em suma, ser eficiente, torna-se ameaçadoramente forte para padrões parlamentaristas, ficando sujeito a desconfianças e acusações de toda espécie. Basicamente, é colocado em dúvida o caráter democrático do processo político, tanto em relação aos meios como aos fins. Assim é que o próprio sucesso dos projetos do Executivo, apesar do emperramento burocrático, paradoxalmente, gera a suspeita de intenções despóticas ou bonapartistas mais ou menos esclarecidas. Não há como subestimar as difíceis relações com um Congresso habitado por partidos políticos que, na sua maioria, apresentam identidade frouxa e consistência discutível. Mas é fundamental para o desenvolvimento da democracia a procura de equilíbrio, mesmo que relativo, entre os três Poderes. A otimização do desempenho do Executivo tem sempre de levar em conta os ritmos e peculiaridades do Legislativo e do Judiciário. Trata-se de situação complexa que não deve ser examinada de modo ligeiro, sob o risco de cair-se em simplificações deletérias. Sobretudo, não se devem desqualificar as inevitáveis diferenças de opinião que possam surgir nesse debate, desperdiçando a oportunidade de maior aperfeiçoamento democrático.

O governo Fernando Henrique tem obtido um indisfarçável sucesso junto à opinião pública. A vitória no primeiro turno, o controle da inflação, com a evidente melhoria de condições de vida de boa parte da população, criaram condições para o renovado apoio apontado em diferentes pesquisas. Mesmo aqueles que apresentam reservas em relação a esse tipo de consulta de opinião pública constatam, no cotidiano, o aumento e o enriquecimento do consumo alimentar, assim como de bens de variadas naturezas, por parte de significativos setores das camadas populares. Embora essa satisfação seja desigual ao longo da estrutura da sociedade, confirma-se um apoio forte e estável ao Plano Real e à figura do presidente da República, visto como responsável e guardião da estabilidade. Sabe-se que há um preço a pagar, nada irrisório, para manter o controle da inflação. Mas a maior parte da sociedade manifesta expressivamente sua satisfação quanto à política governamental. Os setores descontentes não são, no entanto, insignificantes e não se deve, certamente, menosprezá-los. As reformas administrativas e da Previdência têm gerado, por exemplo, insegurança e ansiedade em um universo social de proporções consideráveis, assim como a ameaça de desemprego para setores da classe trabalhadora e mesmo de camadas médias. O funcionalismo público, por seu lado, tem, freqüentemente, desempenhado o papel de bode expiatório de distorções e aberrações muitas vezes de responsabilidade de outros grupos e interesses. A inevitável e bem-vinda reforma da máquina pública deveria ser conduzida de modo a não se confundir com os traumas e injustiças produzidos no governo Collor, muitos dos quais jamais reparados. O reconhecimento da qualidade e dedicação de setores ponderáveis do funcionalismo poderia ajudar a desanuviar a tensão existente. É óbvio que a questão da política salarial nessa área é bastante polêmica e merecedora de maior tato e sensibilidade.

A privatização é um instrumento importante de dinamização da economia de mercado, mas há outras variáveis que não deveriam ser desprezadas, sob o risco de ferir valores e afrontar interesses legítimos de parte da sociedade. Caso assuma o caráter de dogma, a privatização produzirá sempre desconfiança e resistência por parte de grupos e indivíduos cuja rotulação de "atrasados" só acirrará os ânimos, dificultando o diálogo mais construtivo.

O presidente da República, com certeza, não compartilha a opinião de alguns economistas ligados ao governo, que, alimentados por um certo darwinismo social, vêem a sociedade dividida em *winners* (vencedores) e *loosers* (perdedores), numa visão utilitarista rasteira, desprovida de valores humanistas básicos. A bem-sucedida política de direitos humanos, as iniciativas do programa Comunidade Solidária e as preocupações e atitudes do próprio presidente para diminuir a desigualdade são demonstrações significativas de que o perfil governamental não cabe numa estreita perspectiva economicista tecnocrática. Mas, sem dúvida, há fortes e justificadas expectativas de uma maior ênfase na questão social, devido à indiscutível gravidade da situação brasileira.

A expectativa em torno de um Executivo bem-sucedido em várias dimensões, portanto, gera cobranças, às vezes contraditórias, mas inevitáveis. Sabemos que os constantes e graves episódios de violência tanto na cidade como no campo não são, em termos estritamente legais, de responsabilidade imediata do Executivo federal. Os governos municipais e estaduais, suas polícias e o Poder Judiciário não devem ser atropelados dentro das regras de um sistema político democrático, federativo. No entanto, a liderança e a vontade política do governo federal são indispensáveis para o enfrentamento desse desafio que ameaça a estabilidade nacional. Há que encontrar instrumentos adequados, sob coordenação federal, que, sem ferir a democracia, contribuam para o fim de massacres, chacinas, linchamentos, seqüestros, assaltos etc. que infestam o país.

Quanto às tão comentadas relações do presidente com seus pares intelectuais, cabe assinalar que o governo Fernando Henrique se viabilizou através de uma ampla coligação de forças que reuniu grupos com interesses, estilos e valores heterogêneos. É, portanto, compreensível a existência de divergências e questionamentos dentro desse universo de aliados da campanha eleitoral. Os intelectuais, em particular aqueles que de algum modo são ou foram ligados a posições de esquerda, inevitavelmente têm questões a colocar e cobranças a fazer. Isto não os transforma, necessariamente, em oposição, mas coloca-os em um papel diferente dos políticos, tecnocratas e mesmo intelectuais que trabalham diretamente no governo. Esta postura é diferente daquela adotada em relação a governos anteriores, mas deve ser compreendida como da própria natureza da atividade crítica. Dentro da complexidade do mundo contemporâneo e, em especial, da sociedade brasileira, é necessário manter os canais de diálogo abertos entre os que estão no governo e os que nele não estão, sejam simpatizantes ou oposicionistas. A imprensa tem um papel valioso nesse processo pelo seu poder de identificar e de dimensionar discordâncias e conflitos de opinião. Faz parte da construção da democracia ser capaz de negociar as diferenças, procurando soluções que não impliquem desqualificação e destruição de pontos de vista e interesses divergentes.

O governo Fernando Henrique já vem contribuindo de modo marcante para o reerguimento, ou mesmo criação, de instituições democráticas no país depois de décadas de ditadura e de transição tumultuada. Quanto mais capaz for de abrir e manter esses canais de comunicação com a sociedade civil, demonstrando sensibilidade para a diversidade de situações, perspectivas e opiniões, maior será o seu sucesso. É claro que o Executivo não pode ficar paralisado aguardando consenso para todas as suas iniciativas. Mas, excluindo os opositores por princípio, há um importante universo social cujas dúvidas e críticas são legítimas e sinceras e que poderá somar-se, de modo significativo, ao esforço de consolidação democrática, grande desafio de todos nós, brasileiros.

Jornal do Brasil, 12/3/97

27
Violência e impunidade

Há sete anos eu escrevia neste *Jornal do Brasil* denunciando o assassinato de um jovem, Maurício Cavalcanti, vítima da truculência de seguranças e donos de um bar no Baixo Gávea.

Agora escrevo para denunciar a morte da irmã de Maurício, Ana, que junto com seu marido, o também jovem e brilhante antropólogo Luís Rodolfo Vilhena, e mais uma senhora com sua filha de sete anos foram trucidados por uma carreta desgovernada, que atingiu, a mais de 120km/h, o ônibus em que viajavam para Curitiba. Os motoristas do ônibus e da carreta, provavelmente exauridos pela jornada de trabalho massacrante, também morreram. Ficaram gravemente feridos, com risco de vida, como se sabe, atletas adolescentes e técnicos da equipe de ginástica olímpica do Flamengo.

Continuamos a protestar contra a violência na sociedade brasileira, violência que encontra sempre diversos modos de manifestação. O que há de comum é a brutalidade, o desrespeito pela pessoa humana e a impunidade. É o caso de voltar e perguntar qual é o país que está sendo construído. Fala-se muito em consumo, em construção de *shopping centers*, em lucros e investimentos. Vive-se com pressa e sofreguidão, atropelando o próximo simbólica e literalmente.

Nos hospitais prosseguimos assistindo a cenas de desespero, abandono e até desaparecimento de pacientes. Os planos de saúde sugam seus associados e os expulsam dos hospitais, independentemente de seu estado, quando se esgota o prazo estabelecido por sua burocracia e cúpidos interesses. As escolas públicas em todos os níveis estão em estado lastimável e as universidades são objeto do ressentimento e hostilidade de tecnocratas, prejudicando gravemente o Brasil.

Tudo isso constitui um quadro assustador de grave desrespeito à dignidade humana, tornando-se o principal alimento de infelicidade, frustração e revolta nos mais variados segmentos sociais. A preocupação meritória de setores do atual governo federal com os direitos humanos deveria mudar de patamar, transformando-se no principal projeto do país, em busca do resgate da segurança e da dignidade de indivíduos ou grupos. Só assim as tão citadas e gastas noções de cidadania e democracia poderão voltar a ter algum sentido.

Jornal do Brasil, 4/6/97

28
Choque de idéias e democracia

O exercício da oposição é princípio fundamental do ideário do regime democrático. Sabemos, no entanto, como é difícil chegar a um acordo quanto à medida e ao tom adequados para divergir e criticar em uma sociedade com problemas e conflitos da dimensão da brasileira.

Seria ingênuo imaginar que fosse sempre possível expressar descontentamentos e frustrações abissais com linguagem e comportamento corteses e polidos, numa arena política conturbada por natureza. Nem sabemos se isso seria mesmo desejável. De fato, o confronto com o choque de palavras e idéias constitui uma das dimensões da vida pública, particularmente do mundo da política. Contudo, é inegável que, com todas as contextualizações e relativizações possíveis em torno da democracia, estamos vivendo um aprendizado difícil depois de um longo período de regime autoritário, eufemismo que utilizamos em lugar de ditadura.

Falamos de censura, tortura e repressão, entre outros temas que poderiam ser trazidos à memória nem sempre alerta. Pode-se argumentar que, na realidade, o Brasil jamais viveu um período plenamente democrático, com os matizes e ressalvas de sempre.

Há, também, quem negue a possibilidade da democracia no nosso país por razões opostas, seja por desprezo pelo povo, seja por desconfiança em relação às elites.

Por isso mesmo, torna-se crucial um esforço na busca de pontos de convergência entre aqueles que, apesar das diferenças, acreditam ainda que vale a pena investir num projeto democrático, por menos óbvio que hoje este possa parecer, em função da variedade de pontos de vista e interesses em jogo. Por isso mesmo, há que discuti-lo e examiná-lo, em seus vários níveis e contextos, para evitar simplismos e enfrentar preconceitos.

É essencial identificar mudanças na sociedade moderno-contemporânea, com toda a sua complexidade sociocultural, produtora de situações e desafios impensáveis há poucos anos. Sobretudo, urge buscar e criar espaços novos para implementação de diálogos entre atores múltiplos e cada vez mais diversificados.

Essas reflexões vêm a propósito das manifestações a favor da renúncia ou do *impeachment* do presidente Fernando Henrique. É difícil aceitar que partidos e indivíduos sinceramente voltados para a construção da democracia possam estimular esse movimento ou participar dele. Por mais descontentes e críticos que possam ser em relação aos rumos do governo, causa espanto que imaginem que o país possa melhorar através desse tipo de solução.

As comparações com o episódio Collor não se sustentam com o mínimo de objetividade e boa fé. Confundir, propositalmente, as situações corresponde a um enorme desserviço à sociedade brasileira e seu amadurecimento político.

Vivemos, sem dúvida, uma conjuntura de grave crise, em parte expressão de transformações do cenário internacional. No entanto, as responsabilidades nacionais devem ser exaustivamente analisadas e discutidas para desejáveis e necessárias mudanças que visem à urgente melhora das condições de vida do povo brasileiro, secularmente maltratado e vitimizado.

As possibilidades desse diálogo residem num esforço profundo para que, pelas próprias diferenças e divergências, seja consolidado um pacto pela democracia. Para isso é preciso uma atitude despida de sectarismos e aberta ao ponto de vista do outro. Uma racionalidade capaz de perceber a variedade e particularidade dos discursos existentes no mundo, especialmente no Brasil contemporâneo.

É claro que essa postura deve valer tanto para a oposição como para o governo e, em geral, para todos os atores envolvidos no processo político. Caso isto não seja conseguido, estaremos sempre à beira do colapso da democracia.

A insistência em teses golpistas, quando se prega o afastamento do presidente Fernando Henrique, inviabilizará qualquer possibilidade real de consolidação de nossas tão frágeis e incipientes instituições.

O Globo, 26/8/99

29
Violência e projeto nacional

No ano das comemorações dos quinhentos anos do Descobrimento do Brasil, não há mais como disfarçar ou tentar diminuir a gravidade do fenômeno da violência na sociedade brasileira contemporânea. Uma vez ou outra, ainda aparece alguém declarando que violência existe no mundo todo, acionando dados sobre Washington D.C. ou algumas outras grandes cidades no exterior. É claro que a violência aparece em muitos países e cidades sob variadas formas. Existem guerras, conflitos étnico-religiosos e banditismo. Nem sempre as fronteiras entre essas manifestações são claras, havendo misturas de todos os tipos como na Colômbia, para ficar por perto de nós. Mas no Brasil, sem guerra civil explícita, atingimos, especialmente nas grandes cidades, com repercussões para quase todo o território nacional, uma situação em que a criminalidade campeia com seu séquito sinistro de assassinatos, seqüestros, assaltos, roubos e tráfico de drogas e armas.

Ninguém mais se sente seguro, nem empresas nem indivíduos. Senadores da República, ex-governadores, membros da Academia Brasileira de Letras, diplomatas, empresários e suas famílias engordam as listas de vítimas de roubo, assalto, seqüestro e, eventualmente, assassinato. Elites e classes médias têm suas casas assaltadas. O que dizer das camadas populares, secularmente vitimizadas? Nas favelas, nos conjuntos habitacionais, nas periferias, os criminosos fazem, praticamente, o que querem, seviciando, estuprando e matando. Não há lugar protegido. Escolas, igrejas, templos, quartéis, delegacias etc. são freqüentemente invadidos. As pessoas são humilhadas e desrespeitadas de todos os modos. O poder público tem se mostrado, no mínimo, incapaz de enfrentar essa catástrofe. Mas pior do que isso é constatar que toda essa violência só pode existir com a conivência, cumplicidade e ativa participação de grupos da polícia, membros do Legislativo de todos os níveis, setores do aparelho burocrático civil e até autoridades do Judiciário.

A corrupção está indissoluvelmente associada à violência, uma aumentando a outra, sendo faces da mesma moeda. Esse processo não é de hoje, mas vem se acelerando nas últimas décadas, atingindo proporções assustadoras que põem em xeque o próprio Estado nacional, na medida em que o poder público não só não consegue mais controlar a criminalidade, mas aparece gravemente contaminado por esta.

Sem dúvida a pobreza, a miséria e a iniqüidade social constituem campo altamente propício para a disseminação da violência. No entanto, creio que não tem sido dada a devida atenção para a dimensão moral, ética e do sistema de valores como um todo para a compreensão desse fenômeno.

A perda de credibilidade e de referências simbólicas significativas destrói expectativas de convivência social elementares. Filósofos, pensadores e cientistas sociais das mais variadas orientações mostram como a sociedade só é viável através de um mínimo de valores e padrões compartilhados. Por exemplo, o ataque físico a pessoas idosas já se tornou rotina no cotidiano das grandes cidades brasileiras. Em outros países, com alto índice de pobreza — como a Índia —, essas cenas são inimagináveis. Esse tipo de evento era, também, até pouco tempo atrás, muito raro no próprio Brasil, motivo de escândalo e indignação. Hoje, banalizou-se, assim como outras notícias de crueldade contra mulheres, crianças e pessoas doentes.

Trata-se, claramente, de uma crise ético-moral. A família, a escola e a religião não têm sido capazes, por sua vez, de reagir a essa deterioração de valores. Sem dúvida, existem áreas e grupos sociais que preservam e se preocupam com essas questões.

Certamente, a maioria das pessoas não é violenta ou corrupta. No entanto, o clima geral de impunidade incentiva a utilização de recursos e estratégias criminosos.

A mídia, fundamental numa sociedade democrática, denuncia e divulga o estado de coisas, tornando pública pelo menos parte da atividade criminosa. Mas em poucos casos existe a percepção de que a denúncia tem conseqüências, aumentando a sensação de injustiça e impunidade que é, talvez, a principal causa de violência. Hospitais funcionam precariamente, o transporte público é deficiente, os salários são baixos e ainda, diariamente, novos escândalos aparecem. Enfatize-se que a solução não é a censura, como gostariam alguns.

Na televisão assiste-se ao espetáculo de poderosos senadores desmoralizando-se e ao Poder Legislativo. Prefeituras e governos de estado são acusados de corrupção e conivência com o crime organizado. Um presidente da República é afastado por corrupção mas as investigações não têm continuidade, não sendo apurada a real extensão e profundidade do saque à nação, conduzido por ele e sua gangue. Assim, todo um importante movimento social é frustrado. Verbas são desviadas, obras superfaturadas, e por aí vai, numa sucessão rápida e ininterrupta de fatos que agravam o quadro de desapontamento, às vezes indiferença e, muitas vezes, revolta.

O que esperar diante desses exemplos de improbidade? No mínimo gera-se uma falta de confiança nos quadros dirigentes.

Não poucos considerarão normais e aceitáveis vários tipos de transgressão e mesmo crimes, diante do que aparece na mídia e do que vivem no cotidiano. Outros poderão reforçar sua posição de afastamento e desprezo pela esfera pública. De qualquer forma, instaura-se um clima de salve-se quem puder, em que cada vez menos indivíduos e grupos poderão manter identidades estáveis baseadas em atitudes e comportamentos pautados pela ética religiosa ou laica.

Desenvolvem-se, inevitavelmente, soluções do tipo justiça pelas próprias mãos, que aumentam ainda mais a violência e a insegurança. Policiais, bandidos, justiceiros e seguranças travam batalhas diárias, matando e pondo em risco a segurança de toda a população. O fenômeno das balas perdidas, expressão desses conflitos, é difícil de explicar para pessoas que não vivem nas cidades brasileiras. O fato de qualquer pessoa em qualquer de seus bairros estar exposta a esse tipo de perigo ilustra, de modo dramático, a intensidade da crise.

Como construir e sustentar um projeto nacional nessas circunstâncias? A sociedade civil, por si só, é insuficientemente organizada para enfrentar esses desafios e criar alternativas legítimas para o enfrentamento da violência. Só o Estado, reformado e renovado, incluindo o Legislativo e o Judiciário, pode dispor de meios e recursos, articulado à opinião pública, para reverter essa ameaça de colapso. Estou falando, bem entendido, de regime democrático e não de ditaduras salvacionistas.

Sem o apoio contínuo e vigilante da sociedade civil, o Estado corre o risco de hipertrofiar-se num autoritarismo esterilizante, como em passado recente. Efetivamente, as práticas do regime militar tiveram papel significativo no desenvolvimento de uma cultura da violência, com invasões de domicílio, tortura e assassinato. Só governos democráticos legitimados pela sociedade civil e voltados para os direitos humanos terão alguma possibilidade de exercer com sucesso o poder e a força contra a criminalidade.

Essa ação deve ser viabilizada através de instrumentos legais adequados que lhe garantam continuidade e eficácia, sem recuos e acomodações. Qualquer que seja sua posição no espectro ideológico, todos os indivíduos e categorias sociais defrontam, no Brasil, com a ameaça da violência. Hoje, um projeto capaz de mobilizar a nação passa, inevitavelmente, pelo estabelecimento de uma política efetiva de segurança pública dentro da ordem democrática. Só assim poderemos implementar e consolidar nossa precária cidadania, condição básica para o futuro da nação brasileira.

Jornal do Brasil, caderno Idéias, 20/5/00

30
Terrorismo e cultura

A tragédia do dia 11 de setembro revela-nos, com crueza, uma dimensão fundamental da sociedade moderno-contemporânea. Serviu para denunciar não só a violência, mas, através dela, aspectos e características que ficam semi-encobertos ou naturalizados na rotina do cotidiano.

No início do século XX, o pensador alemão G. Simmel já apontava para o desequilíbrio crescente entre cultura objetiva e cultura subjetiva. O enorme desenvolvimento e progresso dos recursos materiais e tecnológicos não era acompanhado, segundo ele, por um aperfeiçoamento e amadurecimento das subjetividades individuais. Isso gerava uma distorção entre os elementos objetivos externos, à disposição da sociedade, e a possibilidade de os indivíduos se beneficiarem internamente, em termos de seu crescimento pessoal. Assim, empobreciam-se as possibilidades de interação e diálogo, o que afetava a qualidade de vida pessoal e social. Não se tratava de negar ou rejeitar a importância da tecnologia e do desenvolvimento material, mas de sublinhar o descompasso que relegava a dimensão subjetiva a um plano secundário.

Esse processo só tendeu a se agravar nos últimos cem anos. Vários outros pensadores trataram dessa temática, com ênfases e perspectivas diferenciadas.

Os atentados de Nova York e Washington confirmam que a capacidade de comunicação e deslocamento no mundo globalizado não significa maior entendimento e enriquecimento recíproco entre os diferentes atores, sejam indivíduos, grupos ou Estados nacionais. Os desequilíbrios sociais, o materialismo, a massificação, o uso descontrolado do poder econômico e militar configuram um quadro de confrontação em que o valor da vida humana se torna irrisório. Esse fenômeno denuncia-se, de modo literalmente explosivo, nos Estados Unidos no dia 11 de setembro. Mas está presente, em maior ou menor grau, no cotidiano de todas as sociedades contemporâneas.

O paradoxo da modernidade é que o progresso material não só não eleva, necessariamente, os espíritos, mas associa-se, com freqüência, a formas extremas de exploração e desrespeito da pessoa humana. A situação de categorias sociais oprimidas, de minorias discriminadas e de regiões miseráveis expressa e produz, dramaticamente, o mal-estar que contamina todas as relações humanas.

O uso da violência, com tortura e assassinatos, culminando em massacres de milhares de vítimas, certamente contraria todas as expectativas de civilidade e solidariedade. Os atentados de 11 de setembro, especificamente, violentaram padrões mínimos de sociabilidade e de dignidade humanos. Todos os tipos de "realismo político" ou de "messianismo salvacionista" que procurem justificar ou legitimar tais ações afastam-se de um projeto democrático mais amplo de controle e eventual superação de conflitos através da reflexão e do diálogo.

O terrorismo, portanto, concentra e sintetiza, de forma agressiva, características e tendências identificáveis em vários níveis e dimensões da vida sociocultural. Só a tomada de consciência da gravidade dessa situação é que pode criar uma base efetiva para ações e políticas de longo prazo que possam sensibilizar não só os atores hoje diretamente em confronto, mas toda a humanidade ameaçada pela violência da intolerância.

Urge fortalecer ou criar mecanismos e instâncias internacionais que ultrapassem e transcendam os interesses e motivações que hoje norteiam a política e a economia mundiais, incapazes de promover a tão falada integração dos povos, respeitando a pluralidade e a diversidade culturais e individuais.

O Globo, 8/10/01

SEGUNDA PARTE Cultura e política cultural

31
Juventude, apenas uma questão de *marketing*?

O tema juventude brasileira na última década tem de ser encarado e analisado com mais rigor do que tem sido ultimamente. É fundamental mostrar como as tentativas de generalização podem ser superficiais e esquemáticas. Criou-se um "jovem genérico", como já havia sido criado um "índio genérico", passando por cima das diferenças e especificidades em função de grupos de *status*, classe social, região do país, religião, meio rural ou urbano (com seus vários subtipos, por sua vez).

Outro ponto é a questão da relação entre o específico brasileiro e fenômenos mais universais do mundo moderno. Sob este aspecto, não faz sentido tentar analisar a "juventude(s) brasileira(s)" como se estivesse dentro de uma sociedade isolada. Creio que Octavio Paz colocou com propriedade o problema ao falar em "mudanças que afetam profundamente a estrutura geral da civilização, diria mesmo as estruturas psíquicas". Está se falando basicamente do Ocidente, não sei até que ponto isso pode ser estendido a todas as sociedades modernas industriais.

Sem dúvida, o Brasil foi afetado por todas essas mudanças culturais das últimas décadas. É claro que certos "segmentos" da juventude, principalmente os das camadas médias e altas, vão expressar mais diretamente os "estrangeirismos". É grave não perceber que, de uma forma ou de outra, tais grupos participam diretamente e vivenciam, de maneira real e concreta, problemas que ocorrem também nos Estados Unidos, na Europa, em vários outros grandes centros espalhados pelo mundo. Concordo com Octavio Paz quando ele enfatiza a existência de uma crítica ao progresso nos termos que a sociedade burguesa industrial estabeleceu: a supervalorização da tecnologia, o crescimento econômico como um fim em si mesmo, a ideologia da produtividade em detrimento de outras dimensões da vida social. Marcuse foi um dos mais importantes críticos da sociedade industrial moderna e não foi à toa que suas idéias, mais ou menos diluídas, foram amplamente usadas pelos movimentos contestatórios da década de 1960.

É crucial também chamar a atenção para o fato de que essas críticas não se limitaram à sociedade capitalista, mas também se referiram aos aspectos repressivos do socialismo burocratizado e autoritário, especialmente na sua vertente stalinista. Sem dúvida, há uma especificidade brasileira importante a ser sublinhada. Desde o final da década de 1950, tomando vulto a partir de 1964 e acentuando-se no final da década de 1960, este país viveu dentro de um clima de um "capitalismo selvagem", consumismo desvairado, ideologias de ascensão social desenfreadas. Foi no universo das camadas médias que este panorama se delineou com maior vigor. É verdade que a ausência ou bloqueio dos canais de participação política é importante para entender as alternativas possíveis para a(s) juventude(s) brasileira(s). Mas parece-me apressado tentar explicar seu comportamento cultural como conseqüência da ditadura militar, como de certa forma fez meu amigo Luciano Martins num polêmico artigo recentemente publicado em *Ensaios de Opinião*. É interessante que a queixa que Luciano faz a respeito da deficiência verbal e, de certa forma intelectual, do que ele chama geração AI5 é a mesma que

Christopher Lasch faz sobre a juventude americana no seu recente *best-seller The Culture of Narcisism*.

FESTINS E BACANAIS

Portanto, nesse nível pelo menos, há que se reconhecer que existem fenômenos de caráter mais universal que afetam sociedades com regimes políticos mais democráticos ou mais autoritários. Ainda discutindo o nível mais geral, há que salientar a procura de novos canais de expressão, não só políticos propriamente ditos como nas dimensões da afetividade e da sexualidade. Podem-se somar a essa problemática a questão feminina, a das minorias sexuais, assim como a preocupação com a ecologia e a valorização de tradições culturais específicas de grupos étnicos e minorias nacionais, ampliando e redefinindo a própria linguagem e o significado da política. Há vários exemplos recentes, em diferentes sociedades, de que a participação política e a procura de novos modelos de comportamentos afetivo e sexual não foram incompatíveis. Não vejo, portanto, uma "juventude brasileira" única, esmagada por uma opção de ser ou martirizada politicamente ou "perder-se" em formas de comportamento desviantes e "alienados".

Na realidade, pelo menos no que concerne às já mencionadas camadas médias que estudei mais detidamente, creio ser indiscutível que tenha havido maior riqueza de opções do que em geral se imagina e um grau de inventividade maior do que muitos esperariam. Talvez haja uma característica cultural que, embora não sendo só brasileira, assumiu em nossa sociedade aspectos bem marcantes. Lendo Dumont e conversando com meu amigo Roberto DaMatta, sinto-me cada vez mais inclinado a ver o chamado comportamento desviante de significativas parcelas das camadas médias como sendo basicamente um movimento de renúncia, em alguns pontos parecidos, em outros radicalmente diferentes, do modelo clássico hindu analisado por Dumont.

Dentro do que vagamente se chamou de "*hippies*", "movimentos contraculturais", nota-se que filhos de famílias abastadas em processo de ascensão social renunciam a dinheiro, sucesso material, conforto, facilidades, bens e à própria vida familiar em troca de uma liberdade individual que corresponde a um processo de individualização da classe média. Muitos desses jovens procuraram ou procuram "reinventar" uma família extensa, desenvolvendo uma vida comunitária e mais afetiva com os amigos e pessoas de sua geração.

É importante salientar que tal opção de vida nada tem com fantasias sobre bacanais, dissipação, Babilônia, Sodoma e Gomorra, típicas da pequena classe média, do pensamento de direita e de muitos setores de esquerda. Essa experiência de "festins romanos" é muito mais da alta burguesia. Sem dúvida, um dos cavalos de batalha tem sido o uso de tóxicos, com a criação de mais uma categoria equivocada — "o drogado". Para qualquer pessoa que observe com um mínimo de atenção e seriedade o problema do uso de tóxicos, fica evidente a diversidade de estilos de vida e visões de mundo a que pode estar ligado. Pode ser mais um item de consumo que vem se somar ao uísque escocês e ao vinho francês. Pode aparecer em "festins romanos" da burguesia e finalmente pode estar ligado a uma visão de mundo em que despojamento e renúncia são cruciais. O estigma de drogado é uma das mais violentas acusações que existe na sociedade brasileira contemporânea.

A MAIORIA SILENCIOSA

Não nos esqueçamos de que, enquanto isso tudo se passava, sendo explorado de forma sensacionalista por certos setores da imprensa e autoridades, boa parte desta(s) juventude(s) brasileiras reproduzia basicamente os modelos de suas famílias, estudando, fazendo vestibular, procurando um diploma e com uma forte ideologia de ascensão social. Talvez até constituam uma espécie de "maioria silenciosa" dentro da "juventude brasileira". Mas, voltando aos renunciantes, é fundamental perceber que existe dentro de um movimento de renúncia uma conotação política mais ou menos explicitada. Não há como ignorar o caráter renunciante de tantos jovens brasileiros que abriram mão de segurança e conforto para, certa ou equivocadamente em termos políticos, sacrificar-se lutando por um país que desejam melhor.

Havia, certamente, um paradigma cristão de martírio e sacrifício informando este tipo de opção, mesmo que não fosse usada necessariamente uma linguagem religiosa explícita. Não há como minimizar a importância do cristianismo, em particular do catolicismo, para entender o comportamento de vastos setores da juventude nos últimos anos.

Por outro lado, com todas as suas simplificações, o discurso psicanalítico generalizou-se também e formou, nos grandes centros urbanos brasileiros, uma significativa clientela e públicos nas camadas médias para cima. Sem dúvida, há uma série de distorções na apreensão e difusão do discurso psicanalítico. A antropologia tende a relativizar alguns de seus principais conceitos, inclusive a noção muitas vezes reificada de indivíduo.

Tudo isso torna o quadro complexo e introduz variáveis difíceis de serem explicadas a partir de um esquema teórico rígido

Creio que um fato fundamental que não poderá ser apagado é a valorização da experiência individual, a recuperação da existência concreta de cada indivíduo enquanto fato social significativo. Nesse sentido, chegando ao final da década de 1970 e dentro de um clima de relativa abertura, há que se ter uma visão mais complexa das alternativas existentes para os jovens em nossa sociedade. O simples fato de perceber que o que tem realmente acontecido é uma vivência intensa de um leque de alternativas com muitas tentativas, experiências e conflitos já é um fato positivo. Coloco-me ao lado daqueles que vêem como fundamental o convívio e a valorização das diferenças em estilos de vida e visão de mundo em todos os níveis da vida social. Creio que esta é a grande lição dos anos 70 em termos dos nossos jovens.

Folha de S. Paulo, caderno Folhetim, 30/9/79

32
Teatro político e pluralismo cultural (a propósito de *Rasga coração*)

É muito difícil, hoje no Brasil, encontrar alguém que não se defina como democrata. Pode haver especificações como *cristão*, *social*, *liberal* ou algum tipo de ressalva como *realista*, *pragmático*, *moderno*. O que fica evidente é que toda retórica está referida a uma concepção de vida social em que o *político* tem não apenas primazia, mas um sentido particular. Ou seja, o domínio da política é vivido como algo autônomo, com limites claros e, por outro lado, é o *locus* privilegiado da ação social. Trata-se, evidentemente, da focalização do poder do Estado e de toda parafernália que gira em torno deste — burocracia, partidos, instituições sociais — como objeto central e real de projetos individuais e de grupos. Todo o resto é secundário, ilusório, circunstancial.

É claro que, em termos acadêmicos e técnicos, há que circunscrever domínios como economia, política, moral etc., permitindo estabelecer mapas que dividem campos de trabalho. Por outro lado, não há dúvida de que tais distinções não são inventadas pela academia ou mesmo pelos políticos, mas são expressões de uma visão de mundo ocidental moderna que tendeu a se generalizar. Mas já há algum tempo (talvez maio de 68 seja o marco adequado) cresce no mundo contemporâneo uma consciência da politização do cotidiano. Questões problemáticas que eram remetidas à psiquiatria, medicina, psicologia, planejamento urbano etc., vistas como sujeitas a soluções e encaminhamentos especializados ou mesmo técnicos, passam a ser objeto de discussão pública, mobilização de variados segmentos da sociedade. Como explicar esse fenômeno? Em que domínio encaixá-lo? Como denominá-lo?

Mais importante ainda nesta fase de, pelo menos, maior discussão e explicitação de posições é perguntar como se vinculam essas diversas e aparentemente heterogêneas temáticas (ecologia, situação da mulher, minorias em geral, questões geracionais) com as questões mais clássicas da política tradicional. O problema dos partidos, por exemplo, suscita esta discussão. Estarão os líderes e dirigentes sensíveis a essas transformações que afetam visões de mundo e estilos de vida de segmentos da população cada vez maiores? Parece que não ou muito pouco. De um lado pressupõe-se um projeto nacional que não pode ser contestado em nada que seja considerado essencial, dentro de uma ótica em que determinado modelo de crescimento econômico e divisão de poder é intocável. É óbvio que nessa concepção não existe lugar para a diferença e a diversidade a não ser que estejam funcionalmente subordinadas ao projeto político dominante. Resta saber se, por sua vez, as lideranças oposicionistas percebem o que se tem passado na sociedade brasileira, com novas aspirações e necessidade.

Não é mais possível dividir as pessoas, maniqueisticamente, em progressistas e reacionárias. Estes rótulos são cada vez mais desmascarados, à medida que crescem a atenção e a preocupação com as atitudes e comportamentos no cotidiano. Assim é que indivíduos e grupos com postura revolucionária, em se tratando das famosas grandes questões — imperialismo, luta de classes, distribuição de riquezas etc. —, demonstram sua intolerância, discriminando aqueles cujas opções existenciais não se enquadram em seus rígidos esquemas éticos e morais.

Outra dimensão que parece não ser percebida é a universalidade de toda uma ordem de problemas que afeta tanto o Brasil como o México, a Itália, os Estados Unidos, a Polônia etc. Não se trata de ignorar a especificidade das culturas e das problemáticas nacionais, obviamente. Mas o nacionalismo estreito e dogmático impede que se tenha uma visão mais global das transformações radicais que ocorrem no âmbito dos valores e paradigmas da sociedade moderna urbana industrial. Estas mudanças já têm sido descritas e interpretadas de *n* maneiras por pensadores das mais diferentes formações e orientações. O que se chamou de "crise das ideologias" pode, creio, ser mais bem entendido como um aspecto do declínio de todas as explicações totalizantes, globalizantes da experiência humana. As formas de reducionismo — economicistas, psicanalíticas, sociologizantes etc. — revelam suas inconsistências na medida em que se enrijecem e se recusam a encarar os paradoxos e aparentes discrepâncias como manifestações da complexidade da vida sociocultural. Para entender o que se passa na sociedade brasileira, há que tentar perceber como aqui se realizam e expressam tais fenômenos.

A peça *Rasga coração*, ora em cartaz, tem o grande mérito de demonstrar certa perplexidade diante do comportamento que, até há relativamente pouco tempo, não merecia nem ser examinado. Poder-se-ia, é claro, desejar maior rigor na descrição da visão de mundo do "jovem descomprometido", mas não há como negar que o texto, tendo sido escrito há mais de sete anos, seja um esforço pioneiro na tentativa de relativizar o monolitismo existencial de grande parte da esquerda brasileira. O confronto de diferentes alternativas de vida através de personagens ricos e densos é um enorme passo adiante em relação às posturas maniqueístas tradicionais. Isso não quer dizer que o autor não tivesse suas preferências e idiossincrasias. Os personagens integralistas são obviamente caricatos, assim como certas passagens referentes aos "jovens descomprometidos". Há mais simpatia, talvez, em relação a uma vertente boêmia mais tradicional e conhecida, parcialmente identificada com a figura do malandro. O personagem principal, no entanto, não é desprovido de ambigüidade e contradições, estando longe de antigas representações de heróis revolucionários, verdadeiros santos ou super-homens.

Há que ressaltar que não estou discutindo uma tese de ciências sociais nem um trabalho que pretende ser científico. Trata-se de teatro e *teatro político*, sem dúvida. Logo, o autor expressa com dramaticidade e paixão seus sentimentos e suas escolhas. Oduvaldo Viana Filho, já condenado por moléstia incurável, demonstrou susto e sensibilidade diante de fatos e situações que não podem ser explicados ou resolvidos com o simplismo dos maniqueístas e dogmáticos.

O que parece altamente significativo é a possibilidade de ampliação de um espaço em que pontos de vista diferentes sejam legitimados. Pluralismo cultural é a possibilidade de convivência de visões de mundo e estilos de vida. Isso significa *respeitar*, e não apenas *tolerar*, opiniões e caminhos que não sejam os de nossa escolha. Cada vez fica mais difícil ser ortodoxo em relação a qualquer postura tradicional. Basta ver as lutas internas na Igreja Católica e nos Partidos Comunistas. O *descentramento* parece ser um fenômeno cada vez mais generalizado, com a valorização das experiências dos grupos locais, das minorias, das associações. Evidentemente tudo isso provoca perplexidade em todos aqueles que foram socializados através de modelos rígidos e impermeáveis.

A noção de liberdade, depois de anos de repressão e de falência de regimes autoritários de direita e de esquerda em todo o mundo, deixa de ser monopólio de "liberais anacrônicos" para se tornar a pedra de toque de qualquer programa que pretenda ser progressista. Passa a ser, inclusive, a bandeira mais radical, na medida em que seja estendida a todos os domínios da sociedade e não apenas aos legitimados pela visão de mundo burguesa convencional.

A luta pela maior igualdade em termos econômicos e políticos não deve estar divorciada de uma concepção pluralista da sociedade, sob pena de, ignorando-se as principais transformações do mundo contemporâneo, continuar-se preso ao autoritarismo que, certamente, não é o melhor produto da teoria e da prática de esquerda.

Rasga coração, sem dúvida, ficará como um marco do teatro brasileiro. Mas sua contribuição cultural e política será ainda maior se forem extraídas as devidas conseqüências do seu complexo conteúdo crítico.

Jornal do Brasil, 11/11/79

33
Gilberto Freyre e o campo intelectual brasileiro

A obra de Gilberto Freyre encontra-se, no campo intelectual brasileiro, em uma posição polarizante. De um lado, encontramos aqueles que se colocam diante da obra e do autor em uma atitude de veneração. Dentro dessa perspectiva, a possibilidade de avaliação crítica é, obviamente, limitada, quando não inexistente. Este fato não é incomum no Brasil e "panelinhas" são encontradas pelo mundo afora, mas o grau de exacerbação do outro pólo é que me parece merecer mais atenção, reflexão, para entender a *intelligentsia* brasileira, com seus valores e critérios.

A maior parte de nossos alunos de ciências sociais e de sociologia nunca leu nada de Gilberto Freyre, muitas vezes com beneplácito de seus professores. As opiniões e declarações políticas do autor, constantemente veiculadas por órgãos da imprensa, são acionadas como anátemas contra todo o seu trabalho, estigmatizando-o como reacionário ou, na melhor das hipóteses, conservador. Ora, acho necessário fazer uma distinção entre as preferências políticas de Gilberto Freyre e o significado de sua obra. Primeiramente, esta não é homogênea, nem necessariamente coerente. Sei que, em última análise, dados biográficos, opções ideológicas e trabalho intelectual estão associados. Mas correspondem, também, a objetos analiticamente distingüíveis.

Não pretendo, nem tenho condições, de fazer uma análise exaustiva da obra de Freyre. Quero apenas chamar a atenção para alguns pontos que mais me impressionam. Fundamentalmente, trata-se de um senhor pesquisador, que consultou fontes primárias, examinou documentos, percorreu jornais, diários, procurando informações de todas as maneiras. Sua percepção da importância de dados, que para muita gente seriam considerados pouco relevantes, levou-o a fazer hipóteses estimulantes e originais sobre moral, sexualidade, família, religião, numa época em que a maioria desses tópicos era tabu ou desprezado. Aliás, por motivos diversos, boa parte dos cientistas sociais brasileiros até hoje não se sensibiliza diante desses fenômenos e fatos que lhe parecem secundários, residuais. Freyre, sem deixar de lado as relações econômicas e políticas, focalizou costumes e estilos de vida, visões de mundo e *ethos*. Estudou a *cultura*, procurando identificar as maneiras, os modos peculiares à sociedade brasileira. Seu objeto básico de pesquisa foi a sociedade de *plantation* nordestina, embora seus trabalhos estejam repletos de referências, reflexões sobre outras regiões e o país como um todo. É claro que isso tem repercussões teóricas importantes para a abrangência e limitações de sua obra.

Voltando às posições ideológicas, também poder-se-ia levantar a possibilidade de que é exatamente a nostalgia do passado, com a roupagem do conservadorismo, que permite a Freyre preocupar-se com os aspectos mais permanentes e com a continuidade, muitas vezes descuidados por pesquisadores mais voltados e/ou preparados para ver mudanças e transformações. Obviamente, com isso, ele correu o risco inverso de ter uma visão mais imobilística, crítica que lhe foi feita em diversas situações e contextos. Ao mesmo tempo, tendeu a deixar de lado ou minimizar as dimensões e aspectos conflitivos de nossa sociedade.

É claro que, partindo de determinada perspectiva, sempre estará faltando algo de essencial na perspectiva diferente: parece não ser fácil separar o joio do trigo, principalmente em épocas pouco propícias a julgamentos mais serenos e objetivos.

Muitos intelectuais se viram tão envolvidos em posições partidárias e ideológicas que, em várias ocasiões, perderam a oportunidade de reconhecer um espaço para posições diferentes e contraditórias. Em outros termos, o fato de eu achar que *Casa-grande & senzala* e *Sobrados e mucambos* são livros indispensáveis para quem pretende estudar a sociedade brasileira não significa que eu tenha de endossar tudo que está ali, muito menos concordar com certas teses sobre lusotropicologia.

Não devemos, portanto, nos deixar enganar por uma visão apressada e maniqueísta da obra de Gilberto Freyre, autor com quem temos muito a aprender, mesmo que eventualmente possamos discordar de declarações e afirmações menos felizes. Estamos falando de cientistas e não de magos.

Jornal do Brasil, 9/3/80

34
O direito das minorias

Os antropólogos são, muitas vezes, rotulados de indivíduos sonhadores e irrealistas. Eventualmente, isto pode aparecer como uma cobrança ou até mesmo como uma acusação, que pode vir de gregos ou troianos.

O fato é que a antropologia, por sua tradição de estudos e por sua própria história enquanto disciplina, constituiu-se pesquisando sobretudo grupos "exóticos", mais ou menos distantes espacialmente.

Por outro lado e, complementarmente, aparece como área de investigação de grande modernidade, na medida em que, de certa forma, nada é irrelevante enquanto objeto de pesquisa. Assim é que, ao lado da continuidade de trabalho com grupos indígenas e sociedades tradicionais, o antropólogo mergulha cada vez mais no estudo de sua própria sociedade contemporânea — urbana, industrial.

Nessa caminhada, a disciplina apresenta um vasto leque de pesquisa, que inclui, entre outros, trabalhos com minorias étnico-culturais, grupos rotulados de desviantes, marginais etc. Hoje, na antropologia produzida no Brasil, como ficou demonstrado recentemente na XIII Reunião Brasileira de Antropologia, realizada em São Paulo, encontram-se temas diversificados, abordados com metodologias e teorias bastante diferenciadas.

Mas o que desejo ressaltar, no momento, é um certo tipo de compromisso que os antropólogos desenvolvem com os grupos que investigam. Como estes são muito variados, não existe nenhum tipo de opção apropriada em termos simplisticamente ideológicos. Estudando grupos indígenas, mulheres, negros, homossexuais, operários, burgueses, camadas médias, camponeses etc., o antropólogo trabalha com um contato direto e pessoal, vinculado ao que tradicionalmente se denomina de "observação participante".

Não se trata, portanto, de pesquisas distantes, asssépticas e tecnocráticas. Implicam um grau de envolvimento e emoções dos mais variados tipos, que, obviamente, em alguma medida, serão filtradas pelo treinamento científico e acadêmico. Mas este não impedirá nem rejeitará essa proximidade do antropólogo com seu universo pesquisado.

Isto ficou bastante evidente na Reunião acima citada, quando diversas moções foram apresentadas à Assembléia de encerramento em defesa dos grupos indígenas e de diferentes minorias, contra a discriminação sexual, além de manifestações no decorrer do encontro a favor do pluralismo e contra diferenciadas formas de intolerância existentes em nossa sociedade.

Essa atitude por parte da comunidade antropológica não implica nenhum tipo de "patrulhamento". Muito pelo contrário, fica patente a diversidade e a variedade de abordagens na antropologia brasileira. Isso é basicamente valorizado pelos antropólogos que, através de sua Associação, procuram criar espaços para discussão e troca de opiniões. Outros espaços também devem ser reconhecidos e explorados. É óbvio que cabe a cada profissional, individualmente, formular a relação com seu universo de pesquisa, mas também é evidente que, de uma forma ou de outra, predomina uma atitude, não paternalista, de solidariedade e empatia.

Em termos de posicionamento de uma política cultural, as moções e discussões da XIII Reunião Brasileira de Antropologia enfatizam que as diferenças devem não apenas ser toleradas, mas encaradas como algo positivo dentro de uma sociedade moderna e heterogênea. Por outro lado, os antropólogos insistem na defesa de seu direito ao trabalho, de realizar pesquisas sem censuras e interferências. Referem-se, particularmente, às dificuldades de relacionamento com a Funai no tocante às pesquisas de grupos indígenas.

Logo após a Reunião, o quadro agravou-se sensivelmente, com a interdição do Parque Nacional do Xingu aos pesquisadores, sem justificativas plausíveis e diálogo anterior.

Parece-me que esse tipo de atitude expressa um descaso para com a pesquisa básica e um certo tipo de preconceito antiintelectual que prejudica não só os antropólogos, mas a atividade científica em geral, cujas prioridades não coincidem necessariamente com os padrões de certos grupos que têm poder para dificultar ou mesmo bloquear linhas de investigação. O caso dos grupos indígenas é particularmente grave, pois muitas vezes os antropólogos têm chamado a atenção para erros e deformações da política indigenista oficial. Isso não pode ser considerado uma atitude destrutiva e irresponsável, mas sim um esforço para, através do diálogo, aprimorar a discussão de um tema que, muitas vezes, tem sido tratado com esquematismo e falta de rigor.

É dentro dessa perspectiva que profissionais que trabalham junto com grupos indígenas, mas com todo o apoio de seus colegas da ABA, reivindicam a desinterdição do Parque do Xingu, assim como uma real mudança no tratamento que a Funai dispensa aos pesquisadores, eliminando o lado arbitrário e policialesco que constantemente se manifesta.

Não só em relação aos grupos indígenas, mas especialmente quando estão envolvidos com segmentos da sociedade nacional que dispõem de menos poder, os antropólogos costumam manifestar-se, dando seu testemunho. Não fazem isso como donos da verdade, nem como porta-vozes, mas como profissionais cujo conhecimento especializado não pode ser omitido ou desprezado.

Jornal do Brasil, Guia Semanal de Idéias e Publicações, 14/11/81

35
Dramas e rotinas da separação

Há uma série de crenças em torno da vida supostamente mais liberada dos grupos de vanguarda de camadas médias, especialmente da Zona Sul, no caso do Rio de Janeiro. Não se trata de negar esta maior liberação, mas de contextualizá-la adequadamente.

Por mais individualizante que seja a ideologia que preside a união de casais dentro desse universo, é fato sociológico indiscutível que, a partir desta união, existe uma densificação das relações sociais, com contorno próprio, estabelecendo-se uma rede mais abrangente.

É o caráter da *aliança*, mais do que discutido na literatura antropológica, que faz do casamento de dois indivíduos um assunto que interessa às famílias e aos amigos em geral. Estabelecem-se expectativas, favores são trocados, apoios dos mais diferentes tipos são estabelecidos, tendo como referência a existência de um casal. Isso acontece mesmo quando não há formalização legal ou religiosa da união. Ocorre a despeito também da vontade, muitas vezes freqüente, dos dois indivíduos de estabelecer uma vida à parte, independente.

Essa aliança não deve ser compreendida apenas por sua dimensão pragmática, utilitarista. Funciona como articuladora e elaboradora da identidade social dos grupos e redes de relações envolvidas. Em outras palavras, é uma das maneiras fundamentais de constituir socialmente a existência dos indivíduos.

É por isso que, quando um casamento-aliança se desfaz, há sempre, em maior ou menor grau, o desenvolvimento de um drama social que atinge a rede anteriormente constituída. Facções são formadas, posições e opiniões expressas de forma agressiva, novos rompimentos e afastamentos podem se desencadear, com acusações mútuas.

No caso de o casal desfeito ter filhos, a repercussão, em princípio, é maior, pois temos então avós, tios, padrinhos envolvidos por problemas de dimensão mais complexa.

ACOMODAÇÃO

Em contrapartida, existem os mecanismos de acomodação e rotinização que permitem, especialmente neste universo mais individualista, formas de reinserção na vida social.

Além da importância das famílias de origem, que, particularmente no caso de haver filhos, desempenham um papel crucial, há que ressaltar o lugar ocupado pela rede de amigos. Esta é, por definição, uma área da vida social em que se exerce com maior plenitude a ideologia individualista na qual a escolha, a opção são valores fundamentais.

Depois da separação, as redes são recompostas, havendo, inevitavelmente, uma reorganização de fronteiras. É nesta fase que os amigos e a *sociabilidade* aparecem como elementos axiais para a reelaboração da identidade social dos indivíduos membros do casal.

Progressivamente, casos, "amizades coloridas" e namoros surgem, podendo levar ou não à constituição de uniões mais estáveis. De qualquer forma, contemporaneamente, nesse segmento de nossa sociedade, há um espaço social que não só indica uma tolerância, mas uma legitimação da ruptura dos casamentos. O valor básico que sustenta essa possibilidade é a *felicidade e realização individual*. É isto que permite enfrentar, com um mínimo de segurança, os dissabores e tempestades da quebra da aliança.

Sem dúvida, há diferenças significativas entre homens e mulheres. Estas, em princípio, estão mais sujeitas à acusação e à estigmatização. O controle que as famílias de origem procuram exercer é, em geral, mais efetivo, especialmente, havendo filhos e maior dependência. Mesmo nesses segmentos, aparentemente mais "modernizados", a questão da honra feminina é muito presente.

Por outro lado, cabe registrar a importância do que se convencionou chamar de *cultura psi*, que é particularmente dominante neste universo. A psicanálise, as terapias de apoio e todos os valores e crenças associados permitem e consolidam nos indivíduos, e nas redes sociais em geral, essa perspectiva de "começar de novo", enfrentando os riscos e custos obviamente envolvidos.

Some-se a isto uma certa consciência sociológica relativizadora, cada vez mais disseminada, que também reforça a percepção de alternativas e opções em termos culturais mais amplos.

É evidente que todo este quadro aparece com mais nitidez nos segmentos mais intelectualizados das camadas médias. Trata-se, portanto, de um certo tipo de elite. Não se deve concluir que estamos diante de um modelo que tende a se disseminar por toda a sociedade. Por outro lado, fica mais nítido que, mesmo nesses grupos, trata-se de um processo complexo e tenso, com a presença de valores contraditórios. Se a separação é mais aceita, isto não significa que o casamento, a estabilização de uma união, não continue sendo um valor fundamental, apesar de variações individuais e reinterpretações específicas.

Jornal do Brasil, A Nova Família, 14/7/85

36
Política cultural e Nova República

Há várias maneiras de definir cultura, sendo esta uma das razões para constantes mal-entendidos e eventuais equívocos na implementação de políticas.

Isto se dá porque freqüentemente os interlocutores estão falando de coisas diferentes. É claro que há outras razões de natureza econômica e política que geram outros problemas ou reforçam os já citados mal-entendidos.

Para um antropólogo, a noção de cultura é a mais abrangente possível, abarcando significados, códigos, valores, padrões existentes em uma sociedade. Estes podem ser mais ou menos harmoniosos, ou mesmo conflitantes. Há quem prefira falar em culturas, visões de mundo, estilos de vida etc. para marcar a diversidade e eventual fragmentação.

Como pode ou deve o Estado lidar com a questão da cultura? Parece evidente que, se esta for entendida no seu sentido antropológico, não é possível administrá-la ou dirigi-la, pois o próprio Estado é constituído, de alguma forma, pela cultura. Isto dá certo toque de humildade e modéstia, necessário para qualquer tarefa nessa área.

Sabemos que todas as sociedades modernas buscam meios de gerir, minimamente, certas manifestações dentro do vasto e complexo universo da cultura. Não é tarefa simples ou trivial. Entre um centralismo despótico e um *laissez-faire* apático, há muitos matizes, variações e sempre o risco de errar pelo excesso ou pela falta.

Um Ministério da Cultura pode ser, mesmo que se discutam as razões originais de sua criação, um dos instrumentos para a busca de uma desejada áurea medida. É difícil, por exemplo, negar, em nome de autonomia municipal, a necessidade de ação federal nos recentes atentados ao patrimônio cometidos em Mariana e Porto Seguro. Por outro lado, é razoável, em nome dos mesmos princípios, respeitar a vontade de uma comunidade que não deseja se privar, mesmo temporariamente, de bens, objetos que considere fundamentais para sua identidade.

É certo que as tarefas não se esgotam nesses exemplos. Há que promover, facilitar, criar espaços para novas iniciativas, mesmo que não correspondam aos cânones mais eruditos. Esta é uma das funções mais nobres das instituições voltadas para a política cultural. Não comandar, dirigir, mas estimular a criatividade. É fundamental, como nos exemplos já citados, proteger, preservar, procurando sempre um diálogo, embora, às vezes, este seja árduo e difícil.

Creio que o Ministério da Cultura tem conseguido, de modo geral, apresentar essa postura, através de suas diferentes agências e órgãos. Tarefa particularmente difícil num país como o Brasil, onde o clientelismo, a panelinha e o *lobby* não cessam de florescer, confundindo-se muitas vezes com a burocracia estatal.

É importante não cair num fatalismo culturalista — desde que estamos falando de cultura — que imobilize em uma camisa-de-força as tentativas de inovar, de reinventar. A mudança também faz parte do processo cultural e há que fazer escolhas, opções, baseadas em critérios políticos e éticos que levem em consideração sobretudo as enormes diferenças e significativas descontinuidades sociais e culturais de nossa sociedade. O grande perigo deste caminho é o do paternalismo, que pretende ser esclarecido, e que já sabe, de antemão, o que é bom para o povo, a nação etc. Assim, estas escolhas e opções feitas por grupos dirigentes só têm legitimidade quando apoiadas e baseadas em uma procura constante de perceber a especificidade dos grupos sociais e de suas visões de mundo.

Mais uma vez cabe ressaltar que esta não é uma receita simples e que os indivíduos e grupos diretamente envolvidos nessas tarefas, no seu cotidiano, dispõem de uma experiência às vezes intransferível.

Sempre pensando em cultura no seu sentido mais abrangente, parece óbvio que nem um ministério isolado, nem todo o governo federal podem ou devem procurar geri-la. É, por definição, algo que emana do próprio processo de vida social.

Mas já seria um passo importante o reconhecimento, por tudo que já foi dito, da necessidade de um envolvimento mais objetivo e explicitado de diferentes ministérios e agências de vários níveis com a política cultural. Isso sem esvaziar ou desqualificar as atribuições específicas do Ministério da Cultura. É preciso, no entanto, enfatizar os vínculos e áreas comuns de atuação. A formação de recursos humanos, a pesquisa científica, a recuperação e a renovação de museus, a preocupação com a ecologia e o meio ambiente, a questão da terra, as condições de vida da população brasileira em geral levam necessariamente a pensar em programas integrados. A coordenação variará de acordo com ênfases temáticas e prioridades de área de atuação. Nada de superministérios. Devemos, particularmente na área da política cultural, fugir de tudo que possa manietar, sufocar, enquadrar e, eventualmente, castrar a criatividade. É óbvio que há que se reconhecer a necessidade mínima de uma racionalidade burocrática no Estado moderno. Mas esta não pode se guiar pelos mesmos parâmetros em todas as suas áreas de atuação. Um artista e um cientista burocratizados, condenados a fazer relatórios rotinizados, presos a mandamentos que nada têm a ver com a qualidade de sua produção, são o pior resultado de uma visão simplisticamente homogeneizadora da atividade cultural.

Neste momento, na conjuntura que atravessa o país, há pelo menos três ministérios que precisam coordenar suas atividades para o desempenho razoável de uma política cultural: Educação, Cultura e Ciência e Tecnologia.

Devemos reconhecer a especificidade de cada perfil que vai se delineando, mas, se não conseguirmos superar os interesses particularistas de setores burocráticos, nossa política cultural estará fadada a ser o embate de alguns quixotes contra a máquina de inércia do centralismo homogeneizador.

A sociedade civil, com toda a sua heterogeneidade, por isso mesmo tem o papel fundamental de reivindicar, pressionar, e ela própria tomar iniciativas que criem situações de fato que o poder central não possa ignorar. Sem dúvida, a atuação no nível dos municípios e dos estados é estratégica neste processo.

É melancólico ficar assistindo a batalhas estéreis entre burocracias que deixam de ser meios para se transformar em fins, sem procurar intervir neste cenário. Há muitas esperanças depositadas na Constituinte. É bom lembrar que, sem um acompanhamento, uma discussão com a sociedade sobre os temas fundamentais ali tratados — como o da política cultural —, esta Assembléia corre também o risco de esterilidade e isolamento.

Folha de S. Paulo, 7/1/87

37
Museus e política cultural

No final do ano passado, a exposição do Museu Nacional do Rio de Janeiro ficou fechada para o público durante quase dois meses. Neste período, os funcionários das universidades federais estiveram em greve. Como o Museu Nacional está vinculado à Universidade Federal do Rio de Janeiro, suas atividades também foram afetadas.

Um fato que chamou a atenção de todo o pessoal científico, técnico e administrativo do museu foi a aparente indiferença do público e dos visitantes diante do fechamento das exposições. Imaginou-se, certamente, que este fato sensibilizaria a opinião pública e as autoridades para as dificuldades e carências da instituição. O fenômeno ainda é mais curioso quando se leva em conta que a visitação às exposições do Museu Nacional é numericamente muito expressiva. Anualmente, perto de 500 mil pessoas visitam as coleções expostas. Além de turistas estrangeiros e de outros estados, há que se destacar a maciça presença das camadas populares. Além de estudantes, professores, profissionais liberais, visitam o Museu Nacional pessoas das classes trabalhadoras, comerciários, bancários etc. Para quem não sabe, o museu localiza-se na Quinta da Boa Vista, que é uma das raras áreas verdes significativas da Zona Norte do Rio de Janeiro. Há ainda que se registrar que, embora modesta, a entrada de adultos é paga (Cz$20,00). Portanto, tudo leva a crer que existe um interesse, por parte da população carioca, fluminense e brasileira em geral, pelo maior acervo científico nas áreas das ciências naturais e antropológicas existente no Brasil.

É perigoso fazer analogias apressadas. Mas, correndo o risco, vale a pena imaginar como seria recebido o fechamento durante cerca de sessenta dias das exposições da Smithsonian, do Louvre, do Museu Britânico, apenas para citar algumas instituições internacionais conhecidas e respeitadas.

Observando e conversando com os visitantes do Museu Nacional, confirma-se o interesse pelo que estão vendo. Mesmo observações que podem parecer ingênuas para um cientista revelam curiosidade genuína e vontade de entender. No entanto, repito, não foi registrada nenhuma reclamação, nenhum comentário na imprensa sobre a situação das exposições do Museu Nacional.

Creio que este pode ser um caso-limite que nos ajude a realizar um esforço para compreender os limites e possibilidades de uma política cultural no Brasil. O Museu Nacional é o mais antigo do país, tem coleções preciosíssimas e biblioteca de alta qualidade. Situa-se dentro da Universidade Federal do Rio de Janeiro, estando vinculado, portanto, ao Ministério da Educação. As atividades de pesquisa científica que ali se realizam — apoiadas, também, pelo Conselho Nacional de Desenvolvimento Científico e Tecnológico (CNPq) e Financiadora de Estudos e Projetos (Finep) — o colocam próximo ao Ministério da Ciência e Tecnologia. O prédio, antiga residência dos Bragança, palácio real e imperial, é tombado pela Secretaria do Patrimônio Histórico e Artístico Nacional, tendo um enorme valor histórico, arquitetônico, paisagístico, o que estabelece relações permanentes com o Ministério da Cultura.

Apesar de esforços de sua direção, da reitoria da Universidade Federal do Rio de Janeiro e das agências mencionadas, é notória a precariedade da situação do museu. Há, sobretudo, falta de espaço para suas exposições, cursos de pós-graduação, biblioteca e atividades em geral. Está em fase final de instalação um prédio construído com o apoio do Ministério da Educação e, particularmente, da atual reitoria da Universidade Federal do Rio de Janeiro, que poderá resolver parcialmente a situação da biblioteca. Tem havido tentativas de todos os tipos para a obtenção de novos espaços. As reformas possíveis no prédio do museu são limitadas não só pela escassez de recursos como pelas próprias dificuldades de remanejamento de espaço. Nos últimos anos, somam-se episódios chocantes que expressam a gravidade da situação. Chove constantemente dentro do Museu Nacional, atingindo peças, coleções, livros, arquivos etc. Há relativamente pouco tempo, a coleção de pássaros — uma das mais valiosas do mundo — teve vários de seus tipos seriamente danificados pelas chuvas. Um forte vento, há alguns anos, derrubou uma vitrina com peças etruscas, com prejuízo incalculável. Há toda uma rotina da luta contra goteiras e infiltrações.

Faço questão de ressaltar que a universidade, a Secretaria do Patrimônio Histórico e Artístico Nacional, a Financiadora de Estudos e Projetos, o Conselho Nacional de Desenvolvimento Científico e Tecnológico, o Ministério da Educação, em geral, têm em diferentes momentos procurado ajudar o Museu Nacional. No entanto, seria necessário um esforço muito maior, com recursos mais significativos, para resgatar situação tão melancólica. A atual direção do Museu Nacional tem se empenhado cotidianamente para obter apoio e recursos não só de agências públicas como privadas. Algumas vitórias têm sido obtidas, mas a dimensão dos problemas é de tal ordem que eles se agigantam permanentemente.

Voltando às observações iniciais sobre o período em que as exposições estiveram fechadas, é razoável especular sobre as relações entre sociedade civil, Estado e política cultural. Os museus que se encontram sobre a égide do Ministério da Cultura, de um modo geral, melhoraram de situação, recebendo apoio sistemático. Não creio que a solução para o Museu Nacional seja incorporar-se ao Ministério da Cultura. Suas atividades científicas, acadêmicas, educacionais colocam-no em posição especial. Acredito que o que está em jogo é a natureza do interesse que a sociedade brasileira tem por seu patrimônio cultural. Quando os visitantes percorrem as exposições do Museu Nacional — ou de outros museus —, demonstram curiosidade indiscutível. No entanto, diferentemente de museus em outros países, avaliando superficialmente, através de observações e entrevistas sumárias, percebe-se o forte sentimento de distância em relação ao que se está vendo. Há interesse, mas não se percebe um tipo de identificação que poderia talvez levar a população a sentir-se prejudicada com o fechamento das exposições. É claro que, em um país e em uma cidade onde os salários são insuficientes, falta água, o transporte é difícil, de alguma maneira a visita ao museu parece ser um bem supérfluo.

Não creio que tenhamos de fazer todas as reformas econômicas e sociais de que o país carece para depois melhorarmos a situação. É preciso considerar os museus e outras instituições culturais como prioritárias no combate à desinformação, à ignorância e a um cotidiano massacrante e rotinizado. A política cultural não pode ser comandada pelo Estado, nem o atual Ministério da Cultura tem se proposto a isso. É fundamental criar espaços de interação entre comunidades, a sociedade civil em geral e as instituições culturais. O desenvolvimento da noção de cidadania, passa, necessariamente, por uma identidade que reconhece e se reconhece através de um diálogo com a produção cultural e científica. Há, sem dúvida, pontes entre o que se chama esquematicamente de cultura popular e atividades científicas e culturais de caráter mais erudito.

Não defendo um projeto iluminista ingênuo, de ilustrar as mentes de um povo sofrido e carente. Mas não posso considerar como supérfluo o apoio ao desenvolvimento de museus e de todas as instituições culturais e científicas. Vejo estas como tendo um papel fundamental na produção de um espaço em que a cidadania possa, mesmo que precariamente, solidificar-se. Este é um desafio que todos nós temos de enfrentar e incorporar a tantas outras questões fundamentais da sociedade brasileira.

Folha de S. Paulo, caderno Cidades, 21/2/88

38
Democracia e política cultural

Já faz parte do senso comum a idéia de que o autoritarismo é traço fundamental da sociedade brasileira. Mais de vinte anos de *autoritarismo explícito* marcaram profundamente a gregos e troianos. De tal forma que mesmo pessoas progressistas e bem-intencionadas, nesta complexa e lenta transição da Nova República, podem cair na armadilha autoritária, talvez sem se dar conta.

O projeto do Centro Cultural de Brasília é ruim, sob vários aspectos, mas, sobretudo, porque já apareceu com ares de fato consumado. Ao defender o Rio de Janeiro, não estamos num jogo de cariocas contra brasilienses. Brasília, como capital política do país, merece ter sua atividade cultural incentivada. Isto é óbvio. É essencial, no entanto, que antes de criar novos museus, galerias de arte etc., *em qualquer ponto do país,* atendamos prioritariamente às instituições já existentes, seja no Rio, Belém, São Paulo, Bahia ou, eventualmente, Brasília. As razões de ordem prática são gritantes. Em país pobre, numa conjuntura difícil, é mais sábio aplicar recursos em centros e instituições que, através de um mínimo de apoio estável e contínuo, poderão melhorar as condições culturais e científicas do Brasil como um todo, sem bairrismos ou paroquialismos. É tentador criar um complexo cultural novo, mas não é sensato nem razoável que isso se faça sem antes socorrer, de forma efetiva, o que já temos em termos de acervo, coleções, pesquisa, pessoal qualificado espalhado pelo país. O Rio, sem dúvida, tem sido particularmente ameaçado. Não é mais a capital federal, nem dispõe dos recursos de São Paulo. Mas no Rio há quadros competentes que, modestamente apoiados, têm condições não só de manter mas de fazer progredir e crescer as instituições, federais ou não, aqui localizadas. Há que valorizar, por outro lado, a importância de ter atividades culturais significativas em diversos pontos do país. O pluralismo democrático é razão fundamental para se evitar mais uma etapa do processo de centralização autoritária. A partir da particularidade de trajetória e história de cada região e cidade, temos um somatório de diversidades que só enriquece o patrimônio cultural da nação. Tudo isso deve ser intensamente discutido no Legislativo, com os governos estaduais e prefeituras. Espero, como quase todos os brasileiros, que esteja de fato acabando a época de decretos-leis de um Executivo todo-poderoso que não precisa prestar contas à sociedade.

Jornal do Brasil, 22/7/88

39
Catástrofes culturais

Na noite do dia 18 de abril, o Instituto Nacional do Folclore foi invadido pelas águas da enchente que atingiu o Rio de Janeiro. Graças ao esforço de um grupo de funcionários que varou a madrugada, evitou-se prejuízo incalculável e definitivo para a cultura nacional. O Museu do Folclore, a biblioteca do Instituto, fotografias, documentos de todos os tipos foram ameaçados e parcialmente atingidos pela inundação. O esforço do pessoal do Instituto salvou a maior parte do acervo. Recolhendo livros, documentos, peças, esse grupo de funcionários públicos federais impediu mais uma grave perda para o nosso já tão abalado patrimônio.

Nos dias que se seguiram, todos os funcionários — pesquisadores, bibliotecários, secretários, serventes etc. — dedicaramse a consertar, limpar e reorganizar acervo e prédio. Receberam também apoio de colegas de outras unidades da antiga Funarte, do Arquivo Nacional, *todos unidos* na tarefa de proteger os interesses e valores da nação brasileira.

Isto não foi noticiado. Tudo se passou com dedicação e discrição. Cumpriram com seu dever. Talvez até mais do que isto. Outras situações como essa podem ter ocorrido no último temporal. Demonstram não só a fragilidade das cidades brasileiras, particularmente o Rio de Janeiro, diante de precipitações pluviométricas mais intensas, como a precariedade da situação das nossas instituições culturais.

Quando tanto se critica o desempenho do funcionalismo público, seria interessante pensar em casos como este do INF para evitar generalizações apressadas e análises superficiais. É claro que existem excessos e distorções no aparelho do Estado. Abusos de todos os tipos ocorreram e continuam ocorrendo por todo o país. No entanto, é preciso alertar o novo governo para que o afã de corrigir vícios não destrua grupos e instituições sérias, responsáveis e merecedores de todo o apoio.

O que se espera da Secretaria de Administração, empenhada em racionalizar o serviço público federal, é que utilize critérios nítidos em que a competência e a qualidade ética sejam variáveis fundamentais para qualquer avaliação. Organogramas, números, estatísticas podem ser fatalmente enganadores, como a experiência recente demonstrou. Para que a reforma administrativa não seja só um jogo de cena, ou para que não tenha apenas um sentido negativo, punitivo, é crucial que sejam examinadas com atenção as condições de trabalho das instituições públicas. Aí, poder-se-ia separar o joio do trigo, distinguir funcionários dedicados, como os do INF, de aproveitadores de cabides de emprego.

No caso em pauta, o governo federal tem uma responsabilidade gravíssima diante do patrimônio cultural do país. Temos assistido, nos últimos anos, a perdas irreparáveis, como a da biblioteca do antigo Centro Latino-Americano de Pesquisas em Ciências Sociais, vendida a peso para saldar dívidas judiciárias, apesar de alertas e denúncias da comunidade científica e de antigos funcionários.

Não se pode admitir tanto descaso. É bom lembrar que os melhores aliados do governo são justamente os seus bons funcionários, que, independentemente de ideologias e de opiniões políticas, se dedicam ao trabalho com seriedade e denodo, mesmo nas condições mais adversas. Estes merecem reconhecimento e apoio.

Uma reforma administrativa séria e efetiva não pode ser feita *contra* os funcionários, mas *com* eles, através de diálogo e de um esforço comum orientados para os mais altos interesses da nação. Isto, aliás, deveria valer não só para a área da cultura, mas para o serviço público em geral. Os desmandos e abusos cometidos por alguns setores do funcionalismo não são razão suficiente para estigmatizá-lo como um todo. Há que superar o clima de tensão e de intranqüilidade que prejudica gravemente o funcionamento mais elementar da máquina administrativa em quase todas as áreas do país.

Quanto à política cultural, não há como pensar em reformulá-la e implementá-la sem ser a partir dos grupos de boa qualidade já existentes. Estes devem ser o ponto de partida de uma verdadeira renovação. Ignorá-los ou menosprezá-los significa uma condenação ao atraso e à esterilidade.

Jornal do Brasil, 15/4/90

40
Coveiros da cultura

Estamos vivendo um dos períodos mais obscurantistas da história do Brasil, sem talvez nos darmos conta. A chamada reforma administrativa é uma das manifestações mais escandalosas de autoritarismo que já se registraram neste país tão pouco afeito às práticas democráticas. A necessária reforma do serviço público dá pretexto a uma demonstração de arbítrio possivelmente inédita na história do Brasil independente.

Trata-se de uma ação que ignora critérios de competência, ao contrário do que é proclamado em declarações e comunicados públicos. Não foi feito nenhum trabalho sério para verificar que órgãos e unidades funcionam efetivamente. Não foi analisada a produção dos funcionários, nem os currículos foram examinados e comparados. O "critério" de demitir funcionários sem estabilidade, com menos de cinco anos de vínculo empregatício, impede a renovação e inviabiliza o futuro de atividades cruciais e setores atuantes. Todo o serviço público está sendo mutilado. Uma ou outra área, mercê de circunstâncias muito particulares, ainda não foi tocada. Mas o que está ocorrendo já é mais do que um sinal de alerta. Trata-se, novamente, de um misto de incompetência e arrogância. A equipe responsável pela "reforma" desconhece e não quer conhecer o serviço público. Está interessada em apresentar números para mostrar serviço e satisfazer a ânsia de exercício de poder. A área da cultura, que aparentemente só desperta a hostilidade do governo, está sendo literalmente massacrada. Nos últimos dias, várias instituições e unidades respeitadíssimas foram ceifadas brutalmente. O patrimônio cultural da nação está sendo irresponsavelmente abalado e dilapidado.

Atividades de pesquisa, de restauração, de preservação são irremediavelmente prejudicadas com a demissão de funcionários exemplares e com a dispersão de equipes operosas. As possibilidades de diálogo com as autoridades responsáveis por esta hecatombe revelam-se infrutíferas. Aos indivíduos responsáveis e às instituições sérias que ainda sobrevivem no país resta a tarefa de denunciar a gravidade desses funestos e escandalosos fatos que enodoam a frágil democracia brasileira. Até quando os funcionários públicos continuarão sendo imolados como oferendas sacrificiais no altar imperial pelo Sr. Santana e sua equipe de sacerdotes auxiliares?

Jornal do Brasil, 5/7/90

41
Brasilidade nasce entre as quatro linhas do gramado
(Título original: Futebol e nação)

A relação da intelectualidade brasileira com o futebol é bastante ambígua. Até há algum tempo, predominava uma visão negativa. O futebol seria, para uns, o ópio do povo, assim como a umbanda e o carnaval. Outros, menos preocupados, indiferentes ou até hostis à consciência política popular, encaravam-no como mais uma demonstração de ignorância e atraso, confirmando os estereótipos mais negativos sobre os brasileiros. Misturavam-se, nessas visões, preconceitos de raça, classe e outros mais. De qualquer modo, para a grande maioria dos intelectuais e das elites tradicionais, o futebol não era algo que merecesse ser levado a sério. Era, no máximo, uma brincadeira para distrair crianças e populares. A derrota na Copa de 1950 reforçou a idéia de que não valia a pena perder tempo e emoção com esse esporte. Mas, como toda sociedade complexa, o Brasil não é homogêneo e simples. Portanto, apesar dessa visão negativa, a importância do futebol para o país foi se tornando cada vez mais evidente, mesmo para aqueles mais contrários ou céticos. As conquistas de 1958, 1962 e 1970 configuraram um perfil de nação difícil de ignorar. O clima de forte emoção mobilizava crescentes setores e grupos da sociedade. Tanto nas vitórias como nos insucessos, delineava-se um campo de comunicação que atravessava as fronteiras regionais e de classe. Sendo um esporte barato, que se popularizou em pouco tempo depois de um início elitizado, o futebol assumiu uma importância cada vez maior para a identidade nacional.

Homens e mulheres, que no seu dia-a-dia pouco se interessavam pelo tema, passaram a compartilhar, em época de Copa do Mundo, as emoções dos aficcionados. A conquista de 1970 foi particularmente reveladora do significado do futebol. Estávamos em plena ditadura militar, num dos piores períodos de violência, censura e tortura. O governo, claramente, procurava beneficiar-se das possibilidades de sucesso esportivo. Muitos intelectuais e boa parte da esquerda encaravam com preocupação aquela euforia de "pra frente Brasil", que poderia obscurecer a gravidade da situação nacional.

Com o desenrolar dos acontecimentos, foi ficando evidente que a Seleção representava crenças e sentimentos que transcendiam a ditadura. Mesmo que esta pudesse extrair lucros momentâneos do sucesso futebolístico, a vitória afirmava valores que não estavam contidos por um governo específico, nem mesmo pelo Estado. Efetivamente, o que estava sendo sublinhado era o conjunto de símbolos centrado na idéia de uma *nação brasileira*. Assim, os cientistas sociais nacionais e estrangeiros foram sendo obrigados a repensar o lugar do futebol na nossa cultura e sociedade. Pesquisadores como Roberto DaMatta, Sérgio Micelli e José Sérgio Leite Lopes desenvolveram análises criativas sobre o Brasil a partir do futebol. Autores direta ou indiretamente ligados ao jornalismo esportivo foram descobertos ou redescobertos, como Mário Filho, Nélson Rodrigues, João Saldanha etc.

Hoje o futebol é tema de reconhecida relevância para a compreensão de peculiaridades de nossos processos socioculturais.

É particularmente crucial para a percepção de uma identidade nacional, da brasilidade. O fato de a comunicação de massas ter um papel importante nessa construção não obscurece o fenômeno da mobilização de categorias sociais múltiplas e heterogêneas, mesmo quando críticas e distanciadas, no seu cotidiano, dos efeitos da mídia.

Sabemos que o mundo do futebol e do esporte em geral tem fronteiras e lógica próprias e que a relação com outros domínios não é linear ou mecânica. É, no entanto, inegável que, especialmente em época de Copa do Mundo, o futebol funciona no Brasil como uma linguagem universalizante que atravessa as diferenças, falando da nação como um todo. Ao sublinhar essa identidade que engloba grupos e facções, embora sem apagar conflitos e contradições, o futebol possibilita a emergência de sentimentos e laços que podem ser fundamentais para o enfrentamento das dificuldades do país, na medida em que afirma e valoriza a sua existência de comunidade nacional.

O Estado de S. Paulo, 3/7/91

42
Tempo de reconstrução

Entre os maiores danos causados pelo governo Collor inclui-se, como destaque, a devastação na área da cultura. A reforma administrativa, em geral arbitrária e incompetente, foi especialmente destrutiva para as instituições culturais da área federal. Pouco pôde ser feito até agora para melhorar ou corrigir os efeitos da ação do secretário Santana, amparada por uma atitude antiintelectualista particularmente dominante nos primeiros tempos de Collor na presidência. Um misto de ignorância e espírito de vingança presidiu as decisões tomadas quanto ao desmantelamento da área da cultura, com demissões, extinção de órgãos, corte e contingenciamento de verbas etc. que produziram quadros de terra arrasada. Deve-se valorizar o esforço homérico daqueles que, em meio a grandes dificuldades, procuraram restabelecer um clima de maior confiança e produtividade. No entanto, a despeito desses esforços, a política e a orientação predominantes do governo Collor nunca contemplaram, efetivamente, as atividades culturais como algo que merecesse recursos e atenção.

Desânimo e frustração têm sido os sentimentos básicos nos que permaneceram. As possibilidades de receber um apoio mais consistente, que permitisse um trabalho a longo prazo, soavam distantes e irreais até a histórica votação na Câmara dos Deputados do dia 29 de setembro. A indicação de Antônio Houaiss para o Ministério da Cultura, do governo Itamar, assim como suas primeiras declarações, trouxeram um novo alento para a área.

A biografia do novo ministro é paradigmática no que tange a um projeto humanista consistente, inteiramente oposto aos mencionados valores dominantes do governo Collor. Sua percepção das prioridades deste momento, conforme as citadas declarações à imprensa, também é animadora.

Cabe lembrar, no entanto, as enormes dificuldades que o Ministério da Cultura, assim como todo o governo, terá de enfrentar. A escassez de recursos certamente continuará sendo um problema grave, mas espera-se maior sensibilidade política e social em relação à memória e ao patrimônio cultural do país, assim como ao cinema, teatro, artes plásticas etc.

Uma tarefa fundamental e urgente junto às instituições é a de procurar reparar os traumas sofridos.

Particularmente grave foi a perda de pessoal qualificado. As instituições não só se viram privadas de alguns de seus melhores quadros como viram equipes operosas serem desfeitas, desmantelando projetos sérios de interesse nacional.

Urge, portanto, um esforço criterioso para recompor as desfalcadas fileiras de pesquisadores, técnicos, funcionários em geral, que zelavam pelo patrimônio cultural do país. Isso já será uma importante injeção de ânimo de tão maltratada área. À medida que for se regularizando um fluxo mínimo de recursos, os projetos interrompidos poderão ser retomados e as atividades culturais voltarão a ter um ritmo compatível com as complexas necessidades e aspirações da sociedade brasileira, abrindo perspectivas novas de trabalho e criação.

Jornal do Brasil, 16/10/92

43
Patrimônio: como agilizar a preservação?

A crise geral do Estado brasileiro, como não poderia deixar de ser, atinge em cheio a instituição responsável e a política do patrimônio cultural.

O Instituto do Patrimônio Histórico e Artístico Nacional (IPHAN), origem do atual Instituto Brasileiro do Patrimônio Cultural (IBPC), foi criado e gerido, nos seus primeiros tempos, por um grupo de intelectuais, artistas e homens públicos, não só altamente competentes mas, sobretudo, mobilizados em torno de um projeto de valorização da cultura brasileira. Gustavo Capanema, Rodrigo de Mello Franco, Mário de Andrade e Lúcio Costa são alguns dos nomes ilustres ligados a essa fase de fundação e consolidação. Apesar de ter sido criação de um regime autoritário, o IPHAN ganhou o respeito da sociedade civil pela seriedade de seu trabalho. Criou-se um espaço onde o zelo pela memória e tradições acompanhava uma dedicação aos problemas presentes, com uma perspectiva para o tempo futuro. Com altos e baixos, premida por constante falta de verbas, a instituição, subordinada ao Ministério da Educação e Cultura, passou a ser uma referência importante dentro do serviço público brasileiro. A atuação de seus técnicos e conselheiros caracterizou um estilo de sóbria dedicação aos interesses nacionais.

Infelizmente, nos últimos anos, o abandono e a rejeição das instituições públicas deixaram o atual IBPC numa situação de grande precariedade. A criação do Ministério da Cultura certamente não ajudou a revigorar o IPHAN/IBPC. A desativação do seu Conselho Consultivo, no período Collor, criou um vácuo na estrutura da instituição que não foi superado com a frágil reativação no governo Itamar. Chegamos a um ponto em que fica impossível escamotear a necessidade de rever a prática da política do patrimônio.

É fundamental descentralizar e agilizar, através da atuação das instâncias estaduais e municipais, os esforços de preservação da memória nacional. Por outro lado, o IBPC não deve ser um órgão policialesco. O patrimônio é da nação, logo deve ser objeto de discussão e diálogo entre os atores interessados. O papel do Estado é indispensável, mas tem de ser aperfeiçoado, sob risco de desgaste e de desmoralização. Quando, por exemplo, o IBPC ameaça prender autoridades universitárias pela construção de prédio, anteriormente autorizada, na área da Quinta da Boa Vista, para evitar o colapso do Museu Nacional, um dos maiores patrimônios do país, certamente está exorbitando e traindo a intenção de seus fundadores. Ao fazer isto, consegue isolar até seus aliados na luta contra os abusos da especulação imobiliária. Por outro lado, não adianta prender os prefeitos das cidades históricas se seus habitantes não compartilham o valor da importância da preservação de seus monumentos e bens culturais. Não tem sentido apenas proibir. É necessário dialogar e criar alternativas para que o tombamento não seja vivido como uma punição, mas sim como prêmio e privilégio. Em termos pragmáticos, as comunidades precisam acreditar que terão benefícios concretos ao se tornarem objeto de medidas de preservação e tombamento, seja através de isenções, de incentivos, de estímulos ao turismo ou outras formas de apoio.

A situação de nosso patrimônio é hoje calamitosa. Está, em grande parte, literalmente em ruínas. Trata-se de uma área em que a ação do Estado é indispensável. Precisa, no entanto, sofrer alterações de rumo e de estilo, sobretudo no seu relacionamento com a sociedade civil. É um caso exemplar que demonstra a necessidade não de acabar com os órgãos públicos, mas sim de transformá-los.

Jornal do Brasil, 26/9/93

44
A morte de Senna

A trágica morte de Ayrton Senna, transmitida ao vivo para centenas de milhões de pessoas pelo mundo afora, dá ao personagem uma grandeza paradoxal diante do absurdo das circunstâncias que o vitimaram. Ele vem ocupar um lugar singular na galeria das figuras públicas brasileiras. Encarnou como ninguém o modelo do herói individualista que a tudo enfrenta, que supera as barreiras e adversidades do mundo. Sua imagem é a de um solitário voltado para a competição, sempre em busca do triunfo. Personificou a vitória e o sucesso, bens escassos para a grande maioria da sociedade brasileira. Por todo lado, demonstrava um espírito cívico incomum em pessoas de sua geração. Tornou-se famoso, rico, admirado e invejado.

Foi fundamental para a construção do mito a vinculação de sua figura à idéia de modernidade. O próprio esporte que escolheu, com o estilo de vida associado, consolidou essa imagem de herói moderno. Os carros de corrida, os jatinhos e as lanchas que pilotava reforçavam as características do personagem, que transcendiam o cotidiano do comum dos mortais, particularmente dos mortais brasileiros. As mulheres que o cercavam confirmavam o poder de sua personalidade e de suas façanhas. Tornou-se um brasileiro herói do Primeiro Mundo, conforme a mídia e, certamente, boa parte da opinião pública.

Concretizava as aspirações de setores importantes da sociedade brasileira em busca de um tipo de afirmação internacional ligada à tecnologia emergente e à agressividade vitoriosa. Sua vida era cosmopolita, envolvida sempre com pessoas e empresas de todas as partes do mundo. Nesse sentido, sua modernidade identifica-se com um projeto de interdependência e globalização. Mesmo quando se tem restrições ou críticas a essa visão de mundo modernizante, é inegável que Senna preencheu com plenitude esse papel, melhor, certamente que outros personagens menos íntegros.

Sabemos que muitos brasileiros não se interessavam pela Fórmula 1, por motivos variados. Outros não simpatizavam com o estilo aparentemente auto-suficiente de Senna. No entanto, sua morte e suas circunstâncias ampliaram as dimensões e significado do personagem. Pelo que se sabe, o herói individualista, nos seus últimos dias, assumiu uma posição de crítico da Fórmula 1. Tentou enfrentar as pressões e arbitrariedade dos interesses vorazes e pouco escrupulosos que comandam o famoso circo. Percebeu a gravidade e o absurdo de sua situação e de seus colegas rivais.

Em seguida, morre num espetáculo público de dimensões planetárias, como uma vítima sacrificial de uma lógica mercantil implacável. Denuncia, com seu sacrifício, os excessos de uma mentalidade insensível às preocupações de natureza humanista. Expõe as contradições de uma visão de mundo que pretende ser moderna e avançada, mas que é baseada no menosprezo à vida das pessoas. De algum modo, põe em xeque as bases do mito inicial, deixando de ser um vitorioso a-histórico para tornar-se vítima heróica de um jogo cruel e absurdo.

O Estado de S. Paulo, 8/5/94

45
Felicidade à brasileira (Título original: Felicidade, cultura e cidadania)

As relações entre o bem-estar individual e a política são historicamente complexas e sociologicamente ambíguas. Variam, num amplo contínuo, desde uma visão em que aparecem como indissociáveis até outra, em que são percebidos como domínios distintos e independentes. Entre outras variáveis, está em jogo a representação do indivíduo e de sua subjetividade. A dialética entre os mundos externo e objetivo e interno e subjetivo tem na trajetória e identidade individuais a explicitação de suas contradições e riqueza.

A Independência americana é, como mostra Darnton, entre outros, um marco fundamental na história moderna para o desenvolvimento de uma democracia política que tem nos indivíduos cidadãos seus autores e atores principais. Por sua vez, a sociedade brasileira, se, por um lado, participa de uma tradição ocidental moderno-contemporânea, por outro tem características próprias com direções e interpretações peculiares.

É possível que não tenhamos um equivalente ao *american way of life*. Mas, quando se fala em *cultura brasileira*, de algum modo estabelecemos fronteiras simbólicas em torno de um tipo de identidade nacional. Numa época em que a globalização parece se ter tornado tema dominante, pode soar estranho aos modernizantes mais frenéticos a insistência de alguns cientistas sociais em sublinhar a singularidade de uma sociedade, em vez de valorizar a interdependência de uma, já muito anunciada, *aldeia global*.

Isso nos leva, retomando temas caros da história da antropologia, a nos debruçar sobre as diferenças entre o valor do indivíduo nas sociedades brasileiras e norte-americanas, particularmente no que se refere à problemática da *felicidade*.

Já existe uma bibliografia respeitável de Vianna Moog a Roberto DaMatta, em que são estabelecidas comparações mais ou menos sistemáticas entre Brasil e Estados Unidos. Para os meus propósitos importa, sobretudo, frisar o pouco espaço culturalmente existente na sociedade brasileira para a emergência da noção de cidadania associada à representação de um indivíduo-sujeito. Isto se deve à predominância de um modelo hierárquico organizador da vida social, que valoriza e legitima as diferenças entre as categorias, dando, com isso, peso desigual aos indivíduos, englobados por uma lógica relacional.

Historicamente, o Brasil viveu mais de trezentos anos sob a égide da Monarquia absolutista portuguesa, em que os indivíduos eram, antes e acima de tudo, *vassalos* da coroa. Obviamente, existiam as distinções hierárquicas entre estes, das quais a mais significativa era aquela entre senhores e escravos. Nosso processo de independência, como se sabe, ao contrário do que se deu nos Estados Unidos, não significou uma valorização efetiva da noção iluminista de cidadania. Esta se restringia a pequenos grupos insulados dentro de uma sociedade envolvente regida pela hierarquia.

O Império e, posteriormente, a República no Brasil, embora com variações de matiz, deram continuidade ao modelo político ancorado a uma hierarquia sociocultural abrangente. As relações entre cidadania, República e Monarquia também estimulam inesgotáveis reflexões, mas cabe salientar que o sistema republicano nos Estados Unidos esteve desde o início estreitamente colado às noções de liberdade e responsabilidade individuais, valores constitutivos daquela sociedade. A importância do protestantismo, o peso do livre-arbítrio e da iniciativa individual, a rejeição vigorosa da Monarquia absolutista e de sua interferência na vida privada são algumas das variáveis fundamentais que valorizam não só o indivíduo e seus direitos públicos, mas também suas características e peculiaridades *subjetivas*. Nesse sentido, o direito individual à felicidade como princípio político é expressão não só de um individualismo genérico, mas de uma percepção específica do valor do indivíduo em sua dimensão mais interna.

Não se afirma, com isso, a inexistência de ideologias e valores individualistas na história da sociedade brasileira, mas sim seu caráter mais subordinado e localizado diante do universo predominantemente hierárquico. Assim, o desenvolvimento do capitalismo se processa através de relações não-lineares e constantemente contraditórias com o Estado, com o comércio internacional, como no caso do tráfico negreiro, e com o sistema de *plantation*. Diversos autores aqui também têm preciosas contribuições, entre os quais cabe mencionar Caio Prado Jr., Celso Furtado, Raimundo Faoro, Fernando Novais e, mais recentemente, Luiz Felipe de Alencastro. O empreendedor no capitalismo brasileiro tem, desde sempre, laços fundamentais com o poder público e está com freqüência associado a modos de produção aparentemente antagônicos, como o escravismo.

Esse *hibridismo* não é exclusivo ao Brasil, mas aqui aparece de modo particularmente dramático, combinando valores supostamente modernos com formas tradicionais de dominação e exploração. Os indivíduos, nesse quadro, expressam em suas trajetórias as peculiaridades desse sistema heterogêneo e, ao mesmo tempo, dinâmico. Entre os cientistas sociais que se voltaram para a dimensão afetiva e emotiva individual na sociedade brasileira, vale citar Gilberto Freyre e Sérgio Buarque de Hollanda. Existem fortes pontos de contato entre os dois, tanto em termos biográficos de relacionamento pessoal como de afinidades temáticas, a par de óbvias diferenças de perspectiva e interesse. De qualquer forma, fica ressaltada a importância de uma vertente afetivo-sexual na caracterização de uma cultura ou modo de vida (*way of life?*) brasileiro.

Outro ponto importante é a relativização de um *desencantamento do mundo* racionalista modernizante. Nesse contexto, a importância da vida religiosa, sobretudo no que tange às religiões e cultos de transe e possessão em diferentes setores e segmentos sociais, tem sido analisada desde Nina Rodrigues, passando por Artur Ramos, René Ribeiro, Roger Bastide, Edson Carneiro, Cândido Procópio de Camargo até, contemporaneamente, Peter Fry, Yvonne Maggie, Patrícia Birman, Luis Mott, Laura de Mello e Souza, Maria Laura Cavalcanti, Reginaldo Prandi etc.

Fica sublinhada a atualidade permanente do que tradicionalmente foi caracterizado como "pensamento mágico", "irracionalismo", "crendices" e "superstições". Ou seja, boa parte dos brasileiros acredita em espíritos, transe, possessão e mantém preocupação e relação permanentes com o sobrenatural. Este tem um papel fundamental no processo de construção social da realidade e, especificamente, no destino e trajetória individuais. O bem-estar, o sucesso e a felicidade dependem de diversas variáveis, como a família e o trabalho, mas o sobrenatural ocupa um espaço determinante. Assim, o indivíduo depende, além dos seus méritos e capacidades, de uma relação bem-sucedida com santos, guias, orixás e mediadores, como pais e mães-de-santo, pastores, padres e sacerdotes em geral. Outro fenômeno também privilegiado em análises sobre Brasil, como nos trabalhos de Roberto DaMatta, tem sido o carnaval em seus múltiplos aspectos. Seria um domínio particularmente expressivo da cultura brasileira, com mecanismos de inversão e alteração da hierarquia cotidiana. Por outro lado, criaria contextos de relativa liberdade individual, em um período limitado, com ênfase na área erótico-amorosa.

Mais recentemente, sobretudo a partir da Segunda Grande Guerra, assistimos a um tipo de revolução individualista na sociedade brasileira, tendo como foco inicial o universo de camadas médias superiores urbanas, espraiando-se progressivamente por outros setores. Processos internos à sociedade nacional associados a mudanças, com novas influências no relacionamento com o mundo exterior, afetaram as representações de indivíduo e subjetividade. Saía-se de mais um período explicitamente autoritário com o final do Estado Novo. Particularmente no governo Juscelino, viveu-se o que já se convencionou chamar de *plenitude democrática,* que seria interrompida pelo regime militar instaurado em 1964. No período pós-guerra, ao lado do desenvolvimento acelerado da urbanização e da cultura de massas, sobretudo com o rádio e a televisão, assistimos a uma crescente complexidade e enriquecimento da vida intelectual e universitária. Assim, associadas a uma valorização política mais enfática sobre os direitos individuais, desenvolvem-se discussões e idéias influenciadas pelo marxismo, existencialismo e psicanálise. Sem dúvida, podemos identificar antecedentes desse movimento pelo menos desde o final da Primeira Grande Guerra, sobretudo com o modernismo.

As vertentes da questão social e da problemática individual ora se combinam, ora se afastam, dependendo da interpretação dominante. Mas, de qualquer forma, a questão da subjetividade e de suas relações com o mundo externo vão ser sublinhadas através do fenômeno da *psicologização* da sociedade, tema analisado, por exemplo, no trabalho de Sérvulo Figueira. A esquerda e os setores progressistas em geral oscilarão, particularmente durante o regime militar, na sua atenção à problemática da felicidade individual. A contracultura, o tropicalismo e a psicanálise constituirão uma alternativa interpretativa paralela à visão política mais diretamente vinculada ao marxismo. Sem dúvida, isto não deve ser entendido de modo monolítico, mas sim como um processo em que diferentes atores transitam entre distintos modos de interpretação sem que se caracterizem fronteiras rígidas.

O gênero que melhor expressa a riqueza da crescente preocupação com a problemática individual é a novela. Embora suas raízes sejam mais antigas, sua importância sociológica se multiplica através da televisão. Nela, com sua reconhecida heterogeneidade, retratam-se os dramas das trajetórias individuais em uma época de grandes transformações.

Alguns autores serão mais explícitos no que se refere aos problemas sociais do país, estabelecendo relações com a vida de seus personagens. Outros deixarão entre parênteses ou ignorarão temas mais gerais, fixando-se no jogo amoroso de seus heróis e heroínas. Mas pode-se assinalar uma tendência de buscar uma áurea medida entre uma narrativa social e o foco privilegiado sobre destinos individuais. A felicidade aparece como algo atingível por qualquer pessoa, sendo quase um direito explicitado nas tramas. Os obstáculos, sejam quais forem, devem ser enfrentados e superados. Reconhece-se, cada vez mais, em uma opção pluralista democrática, a heterogeneidade de indivíduos e estilos de vida com o desenvolvimento de galerias de personagens mais amplas e diversificadas. A crítica de costumes, muitas vezes associada a uma apreciável imaginação sociológica, tem como centro e razão de ser os sentimentos e emoções mais profundos dos indivíduos.

Assim, creio que a análise das novelas seja uma das entradas mais férteis para uma melhor compreensão dos valores brasileiros contemporâneos, sobretudo no que se refere à relação indivíduo e sociedade no cruzamento entre os domínios do público e do privado. A felicidade individual é o tema básico recorrente e organizador de todas as tramas e é a medida universal da qualidade da vida social.

Folha de S. Paulo, caderno Mais!, 3/11/96

46
Zahar e sua missão

O falecimento, no último dia 11, de Jorge Zahar faz-nos repensar a importância de trajetórias individuais para o aperfeiçoamento e amadurecimento intelectuais de uma sociedade.

Em mais de quarenta anos de atividade editorial, Zahar desempenhou, no desenvolvimento das ciências humanas e sociais no Brasil, um papel provavelmente mais importante do que qualquer outro indivíduo, autor ou editor. Começando com o *Manual de sociologia*, de Rumney & Mayer, traduzido por Octávio Alves Velho, publicou traduções e autores brasileiros, constituindo uma biblioteca de ciências humanas e sociais que não fica nada a dever às suas melhores congêneres internacionais.

Procurou sempre o equilíbrio entre trabalhos clássicos, consagrados, com uma abertura para jovens autores nacionais. Todas as categorias geracionais que estudaram, seja na universidade, seja no curso secundário, nesse período beneficiaram-se de suas publicações em sociologia, antropologia, história, filosofia, psicologia, psicanálise, geografia etc. Os dicionários e livros de música e arte em geral atingiram um público ainda mais amplo, cumprindo um papel fundamental de difusão e aperfeiçoamento cultural não só para a universidade mas para a sociedade em geral.

Jorge Zahar era um empresário com espírito público. Sua atuação como livreiro e editor foi sempre marcada por uma preocupação político-social. Assim, era um homem engajado nas grandes questões de sua época. Foi um vigoroso crítico e adversário dos regimes autoritários. Valorizava a ciência e a universidade, sofrendo com suas dificuldades e vibrando com seus êxitos. Cumpriu com discrição, mas com extrema eficiência, a missão de estimular e difundir o conhecimento para uma sociedade desigual e carente.

Jornal do Brasil, 16/6/98

TERCEIRA PARTE

Universidade e política científica

47
A universidade e sua autonomia

Com a recente greve dos professores das universidades federais, verificou-se como pode ser distorcida perante a opinião pública a imagem da universidade no Brasil. Esta, e particularmente os seus professores e pesquisadores, mereceram editoriais em que ficava clara uma desconfiança quanto à sua eficácia e competência.

Uma das principais características da sociedade contemporânea é a sua heterogeneidade e complexidade. A diversificação de domínios, o desenvolvimento das ideologias individualistas, a diferenciação ocupacional e todo o cortejo de fatos sociais e fenômenos culturais associados colocam-nos permanentemente diante do impasse autoritarismo *versus* liberdade. Conceitos de eficácia e produtividade são reificados e verifica-se a tentativa de transpô-los mecanicamente para domínios que só podem ser avaliados a partir de critérios específicos. O economicismo vulgar e a visão tecnocrática imediatista cobram da universidade "resultados", como se a atividade intelectual acadêmica pudesse ser julgada segundo padrões cujas referências se centram em uma visão quantitativista e primária da cultura. Se juntarmos a isso critérios de avaliação em que o controle parta das noções próprias à vida castrense, aí mesmo estaremos esvaziando e dissolvendo a especificidade da universidade, impedindo que ela possa contribuir para o tão enfatizado desenvolvimento do país.

A vida universitária floresce em um clima de liberdade em que haja espaço para discussão e debate. É evidente que nossas instituições acadêmicas têm falhas e, como em qualquer segmento social, há professores mais ou menos competentes. É óbvio também que a universidade depende do Estado e é responsável perante a sociedade. Mas o que não se pode admitir é a intromissão de valores e critérios que nada têm a ver com a sua história, relegando a segundo plano aqueles que se consolidaram seguindo uma tradição acadêmica que, inclusive, transcende nossas próprias fronteiras nacionais. Nossa produção científico-universitária em várias áreas tem alcançado sucesso e repercussão internacionais. Professores e pesquisadores que, em vários casos, poderiam ter melhores condições de trabalho fora do país optam por aqui ficar por patriotismo, que não é monopólio de nenhum segmento específico da sociedade.

O decreto-lei recém-divulgado contém muitas ambigüidades e pontos obscuros. O que mais preocupa a comunidade universitária é a possibilidade de que a vida acadêmica seja desvirtuada e sua autonomia desrespeitada por órgãos, instituições e pessoas, provavelmente competentes em suas áreas, mas que desconhecem ou ignoram as peculiaridades da universidade brasileira. As categorias sociais, particularmente aquelas que dependem diretamente do erário público, devem satisfações à sociedade civil e aos governos. No entanto, em uma sociedade que pretende tornar-se cada vez mais democrática, o respeito pela identidade de instituições e domínios específicos é absolutamente essencial. Não existe democracia política sem pluralismo cultural no mundo contemporâneo. As tentativas de impor padrões uniformes e monolíticos aos diferentes segmentos e setores ocupacionais de uma sociedade são contraditórias com os propósitos de abertura e liberalização.

A ciência e a universidade no Brasil vivem um momento de séria crise. Sabe-se que esta é geral. No entanto, há recursos para outros tipos de projetos, vultosos e ambiciosos. Os professores são mal pagos, os alunos pós-graduados têm bolsas irrisórias. Faltam aparelhos, máquinas e peças de laboratório. Em muitas faculdades, faltam giz e papel. O pessoal administrativo é escasso e precariamente remunerado. Os recursos para pesquisa rareiam. As possibilidades de publicar trabalhos e divulgar resultados são ínfimas. As pessoas que escolhem a vida universitária certamente não o fazem com o objetivo de enriquecer, e o próprio prestígio a elas atribuído, hoje, é altamente discutível. Várias gerações de professores e cientistas se sacrificaram, trabalhando em condições penosas e desestimulantes. Conhecemos professores que morreram de exaustão. Outros abandonaram planos de trabalho promissores, que poderiam ter rendido frutos à cultura brasileira, porque tinham de dar setenta ou oitenta horas-aula semanais para sobreviver. Não se trata de ficar num processo contínuo e ininterrupto de lamentações. Em vários pontos, a situação no magistério, especialmente o federal, tem melhorado. Alguns centros e cursos de pós-graduação têm condições razoáveis de trabalho, mas estes também são olhados com desconfiança, sua estabilidade é precária, a possibilidade de cortes de verbas é permanente, como uma espada de Dâmocles sempre ameaçadora.

Por mais que se reconheça que existe uma crise geral que afeta a disponibilidade orçamentária do Estado, e que alguma dose de sacrifício é inevitável, há que se ressaltar a situação particularmente dramática da universidade e da ciência. É difícil imaginar que um projeto de desenvolvimento e democratização seja compatível com o esvaziamento da universidade, o cerceamento de sua liberdade e a imposição de padrões extra-acadêmicos. Não nos iludamos com o recente decreto. Sem dúvida corresponde a um progresso. No entanto, contém, como já foi dito, pontos obscuros que precisam ser rapidamente esclarecidos. De outro lado, a complexidade da problemática mencionada exige uma série de novas medidas que só serão verdadeiramente eficazes se surgirem de um diálogo permanente com a comunidade universitária. Não estou falando de consultas ocasionais, nem de eventuais solenidades em que são feitos comunicados e divulgadas decisões. Trata-se, sim, de criar efetivamente a possibilidade de a universidade, a partir de suas próprias bases, discutir e definir seu futuro.

Jornal do Brasil, 13/12/80

48
Ciência e tecnologia em tempo de abertura e crise: democracia e política científica

Em época de abertura, mesmo limitada ou relativa, seria inevitável o surgimento de novidades, discussões, polêmicas entre cientistas (comunidade científica?) brasileiros. Isto assume aspectos mais dramáticos com a crise econômica, escassez de verbas e recursos em geral.

Seria interessante especular e discutir mais exaustivamente por que, nesta conjuntura, depois de muitos anos é que se abre um certo espaço para a participação do cientista em decisões de que estava, em geral, afastado. O que se deve à abertura e o que é produto da crise? Ou como se combinam? De qualquer forma, coloca-se o problema de definir as formas de atuação dos cientistas em um quadro novo. Há que se reconhecer que forças são realinhadas, alianças são feitas e desfeitas, compromissos estabelecidos ou rompidos. Mas é indiscutível que já não é mais apenas nas Reuniões da SBPC que encontramos oportunidade, enquanto cientistas e pesquisadores, para tentar fazer com que nossa voz seja ouvida.

Cientistas e associações científicas têm sido chamados por setores do governo federal para dialogar e, eventualmente, ter alguma participação na elaboração de uma política científica nacional. Como reagir diante deste fato? Há duas atitudes polares que devem ser registradas. A primeira é a adesão incondicional, uma forma de cooptação pelo aparelho do Estado. Envaidecidos, ou somente entusiasmados, pesquisadores aceitam convites sem pesar, com maior cuidado, possibilidades de manipulação e a fragilidade de sua própria posição. A segunda é a rejeição, em princípio, de qualquer diálogo ou negociação com agências e setores do governo federal. Mais do que política, esta posição soa essencialmente moralista. Cumpre não confundir ética com moralismo.

Se a adesão incondicional e a cooptação são algo que tendemos (nós, cientistas) a rejeitar com grande vigor, pelo menos retórico, temos grande dificuldade de lidar com o fato político da negociação. Abre-se um espaço maior ou menor para o início de diálogo não apenas com indivíduos isolados, membros de "panelinhas", mas com associações científicas, que se não têm, necessariamente, a representatividade ideal, são aquelas que hoje existem com condições de atuar em termo nacionais. É inevitável que, diante destes fatos novos, as próprias associações venham a sofrer mudanças em sua estrutura interna, processos políticos e formas de representação. Mas creio que este é um processo paralelo que não nos deve manter apáticos ou paralisados diante de oportunidades concretas e significativas.

Por outro lado, a discussão da democracia, obviamente, não se limita às questões internas das associações e sociedades científicas, mas atravessa todo o mundo acadêmico, e, particularmente, a universidade. Universidade, ciência e pesquisa estão indissoluvelmente associadas, embora seja importante distinguir contextos e situações específicas. A questão da democracia deve ser examinada tanto no nível interno do mundo acadêmico-científico como no nível de nosso relacionamento com o Estado e com outros setores da sociedade. Nesse ponto, acredito que, dentro da especificidade de nossa atuação, a variável competência, a qualidade da produção devem ser assumidas como elementos constituintes da nossa identidade e não como fatores de discriminação. Desde que sejam construídos a partir de critérios emanados de nossa experiência e que sejam objeto de discussão permanente, não há por que rejeitá-los em nome do medo de um "elitismo". Como em qualquer carreira, há trajetórias desiguais. Havendo uma flexibilidade que evite a camisa-de-força de um modelo único de um professor ou pesquisador bem-sucedido, a aceitação de uma hierarquia de mérito deve não só ser aceita, como incentivada. Isto tem conseqüência para o nosso relacionamento com a sociedade como um todo e, especificamente, com o Estado. Trata-se de confrontar critérios, prioridades, em um processo nada simples de negociação, em que estão em jogo não só recursos financeiros, mas poder, em termos mais amplos. Se aceitamos a hipótese de negociar com agências do governo, temos de estar munidos de um consenso mínimo a respeito de nossas prioridades. Principalmente quando este processo envolve a criação de comissões, representações etc. Isto só pode ser obtido através de intensa discussão interna que deve acompanhar o processo mais amplo de negociação.

Por outro lado, não há dúvida de que a política científica interessa a quase todos os setores da sociedade. O diálogo com outros grupos profissionais, com partidos políticos e a valorização do Congresso Nacional como forma privilegiada de deliberação devem ser encarados como compromissos sérios e não como meras declarações de intenção. Isto, no entanto, não deve excluir a necessidade de assumirmos nossa própria identidade e defender vigorosamente o que acreditamos como expressão de uma inserção e experiência sociais específicas. Ou seja, o cientista e o pesquisador na universidade, ou fora dela, têm uma competência própria e, como vários outros setores de atividades, apresentam certo grau de esoterismo. Não é atitude elitista admitir que nem tudo de importante produzido pelos cientistas e acadêmicos pode ser traduzível de imediato para leigos, burocratas, políticos etc. Há que realizar um esforço para estabelecer pontes e formas para facilitar a comunicação. Mas isto não nos deve levar a um pragmatismo fácil e a um utilitarismo estreito, armadilhas constantemente preparadas, às vezes com nosso próprio auxílio, em nome das causas aparentemente mais dignas e meritórias. O processo de democratização, portanto, passa pela criação de um amplo espaço de debate e discussão entre os diferentes grupos e segmentos sociais, de fortalecimento de canais de negociação com o Estado, assim como pela defesa da especificidade de nossa experiência e, em certos casos, até da particularidade de nossos interesses.

Concluindo, não há incompatibilidade, internamente, entre democratização e uma legítima hierarquia de mérito. Esta, por sua vez, é precioso instrumento para o encaminhamento mais genuíno de nossas reivindicações junto às autoridades e sociedade como um todo. Só assim será possível mostrar a devida importância do desenvolvimento e fortalecimento da ciência em uma época de crise e falta de recursos. Universidades e institutos de pesquisa podem ser tão ou mais importantes do que usinas siderúrgicas ou grandes barragens. É preciso ter a coragem e a vontade de demonstrá-lo.

Folha de S. Paulo, 2/6/83

49
Competência e não clientelismo

O Estado deve ter uma participação decisiva na formulação de uma política científica e tecnológica, pois esta afeta a nação como um todo. Em uma sociedade democrática, esta formulação implica manter canais permanentemente abertos, não só para dialogar com os pesquisadores e cientistas, mas para permitir a informação e a participação de todos os grupos sociais. Entenda-se, claramente, que o Estado não é apenas o Executivo. O Poder Legislativo deve desempenhar papel central na formulação da referida política.

Assim sendo, os partidos e congressistas, individualmente, precisam assumir as responsabilidades cabíveis na elaboração de uma política científica e tecnológica adequada.

Os cientistas e pesquisadores, por sua vez, devem não apenas desempenhar o papel de pareceristas e consultores, mas participar das deliberações. Isto já foi enfatizado diversas vezes, particularmente no documento preparado pela Comissão SBPC — Academia de Ciências, encaminhado ao governo que se finda e que o ignorou totalmente, dentro das características da tecnoburocracia mais autoritária e empedernida.

Não se deve pretender excluir aqueles que não militam cotidianamente na pesquisa da formulação da política de ciência e tecnologia. No entanto, é óbvio que há uma competência específica, como em qualquer área, fruto de um conhecimento e experiência particulares da comunidade científica. Isso deve ser compreendido não como uma atitude corporativista, mas como o reconhecimento e a constatação das diferenças.

A ciência e, obviamente, a tecnologia estão inseridas em um processo social complexo. Por isso mesmo, é preciso exorcizar o utilitarismo economicista que tanto prejudicou seu florescimento. A valorização da pesquisa básica, cujo retorno obedece a ritmos de longo prazo, é essencial para a estabilização da atividade científica no país.

Por tudo isso, não creio que se deva adotar uma atitude maniqueísta diante de eventual criação de um Ministério da Ciência e Tecnologia. Não é razoável ser a favor ou contra, por princípio. Acredito na necessidade de se estabelecer um órgão coordenador que articule, em alto nível, a implementação da política científico-tecnológica. Pode ser um ministério, uma secretaria etc. O fundamental, no entanto, é a garantia de seu caráter mais democrático, mais competente, rejeitando o ranço do autoritarismo e clientelismo que viciou boa parte das decisões dos últimos vinte anos. Portanto, é importante que a própria criação de novos órgãos não seja produto de um pacote. O crédito que é dado ao novo governo passa pela valorização da consulta e do diálogo. Não se trata de pretender indicar nomes de ministros ou secretários, mas sim de criar um espaço produtivo para a discussão e decisões de política científica e tecnológica.

Por outro lado, as áreas afetadas por essas decisões são muito complexas. Não é desejável que se crie um órgão que tenha sob seu controle direto tudo que diga respeito a campo tão heterogêneo. É preciso, no entanto, estabelecer uma coordenação que em permanente diálogo com o Legislativo, com a comunidade científica e a sociedade civil como um todo seja capaz de assumir responsabilidades quanto a prioridades e definições abrangentes que afetam, como já disse, toda a sociedade brasileira.

Jornal do Brasil, 24/2/85

50
A questão da liberdade científica

Em tempos de mudança política, especialmente quando se sai de um período autoritário, há uma forte expectativa nos mais variados grupos sociais em torno do exercício da liberdade.

No caso da comunidade científica brasileira, há razão de sobra para isso em função do alto grau de pressão a que foi submetida nos últimos vinte anos. As ciências sociais sofreram a cassação de alguns de seus mais eminentes profissionais, vários tipos de censura, evasão para o exterior de pesquisadores, direta ou indiretamente ameaçados pelo regime militar. Sabemos que isso ocorreu também na física, na área biomédica, nos mais variados setores do conhecimento. No entanto, em ciências sociais, o nosso próprio objeto de conhecimento foi posto em questão. Em outros termos, o simples fato de ser cientista social poderia ser indício de atividade subversiva. Ou mais ainda, cientista social, para os setores mais agressivos do regime militar, era sinônimo de subversivo. O fim dos cursos de ciências sociais e sociologia chegou a ser sugerido, com alguma ênfase. Colegas nossos foram presos, ameaçados, processados, desqualificados, humilhados.

A posteriori podemos, fazendo um exercício de reflexão, compreender melhor muito do que se passou.

Independentemente de o intelectual ser marxista, liberal ou mesmo conservador, o exercício de uma atividade crítica é reconhecido como incompatível com o dogmatismo de qualquer tipo de mentalidade totalitária. Livros são proibidos e queimados, autores proscritos etc. É uma história mais do que conhecida. Não chega a ser um imenso consolo saber que em outros países e em outros momentos históricos aconteceram maiores atrocidades e violências.

Sem dúvida, uma das características do que ocorreu entre nós foi o fato de que as contradições dentro do próprio aparelho de Estado eram particularmente evidentes. Assim, não houve uma política homogênea e contínua de repressão à atividade científica, inclusive às ciências sociais. Grupos de técnicos, setores políticos e administrativos mais liberais do próprio governo defenderam e apoiaram grupos de pesquisa. É preciso fazer justiça a essas pessoas que demonstraram não só lucidez como coragem em várias situações difíceis. Sabemos também que houve ciclos de maior ou menor liberalização, mais uma vez impedindo de se ver monoliticamente o período como um todo. Há que reconhecer, inclusive, o crescimento e desenvolvimento de certas áreas, com o apoio de agências como a Finep e o CNPq.

Fundamental, como já foi várias vezes reconhecido, foi o papel de agências internacionais como a Fundação Ford, que, pelo menos nos casos do Centro Brasileiro de Análise e Planejamento (Cebrap), do Programa de Pós-Graduação em Antropologia Social (PPGAS), do Museu Nacional, e do Instituto Universitário de Pesquisas do Rio de Janeiro (IUPERJ), foi durante algum tempo o principal sustentáculo de suas atividades.

Por mais paradoxal que possa ser, foi dentro do regime de arbítrio que conquistas importantes foram obtidas. Depois de alguns anos de recolhimento, a Associação Brasileira de Antropologia (ABA) retoma suas atividades. A Associação Nacional dos Programas de Pós-Graduação em Ciências Sociais (Anpocs) é criada e passa a ocupar também importante espaço. Os antropólogos, sociólogos, cientistas políticos, historiadores etc. buscam organizar-se enquanto grupos profissionais, para assegurar acesso a recursos e condições mínimas de trabalho.

A universidade atravessou o período em permanente crise. Não só os professores e pesquisadores, mas os alunos foram diretamente cerceados no seu direito de estudar, de aprender. Há que se compreender a revolta e o desespero de muitos universitários diante da estupidez e da intolerância.

É preciso, ao reconhecer a pressão externa a que foi submetida a comunidade científica e universitária, analisar também alguns de seus processos internos.

Temos a triste lembrança de professores denunciando colegas, destruindo carreiras, manipulando indivíduos e instituições. Entre alunos e funcionários ocorreram casos semelhantes. Quem viveu esse triste período recorda-se, com melancolia, de terríveis decepções e surpresas.

Talvez tenham sido relativamente poucos os indivíduos que se prestaram a esses papéis, mas foram suficientes para minar e abalar nosso meio. Algumas instituições foram mais resguardadas. Outras foram particularmente devastadas.

Obviamente, este clima era o menos favorável para a tranqüilidade do trabalho de ensino e pesquisa. Se a situação passou a melhorar em meados da década de 1970, nem por isso a espada de Dâmocles fora definitivamente afastada de sobre nossas cabeças. Isso sempre foi mais evidente nas instituições públicas federais e estaduais, embora também tenha atingido as particulares.

Houve, como sabemos, um inevitável acirramento de ânimos, e a intolerância floresceu em ambiente tão propício. É assim que podemos compreender o fenômeno conhecido como "patrulhas ideológicas", que consistiu, basicamente, no dogmatismo de setores de esquerda que buscavam censurar o trabalho de profissionais com posições e perspectivas diferentes das suas. Até certo ponto, foi uma reação contra a "direitização" do regime, mas tinha suas próprias raízes, motivações e lógica. Assim é que autores e correntes em ciências sociais foram estigmatizados como *alienados*. Temas que não estivessem de acordo com as prioridades dos patrulheiros eram desqualificados. Nada disso contribuía para a qualidade de nossos trabalhos. Fronteiras arbitrárias eram estabelecidas, indivíduos e instituições rotulados — como, por exemplo, de *funcionalista* e *estruturalista* —, verdadeiras acusações da maneira como eram apresentadas.

Não se trata de reabrir feridas antigas, de retomar esterilmente polêmicas ultrapassadas. Cabe, no entanto, em um período de menor tensão, avaliar o que entendemos por liberdade acadêmica e científica. Insisto que esta é um fim em si mesma e se confunde com a própria atividade intelectual. Qualquer tipo de utilitarismo, mesmo que se apresente sob a capa do progresso social, pode ser danoso quando cobra soluções e respostas imediatas. É claro que não se deve cair em outro tipo de discriminação, em que, de um lado, estariam os pesquisadores desinteressados e santificados e, de outro, profissionais oportunistas e apressados, distantes dos melhores ideais de uma ciência pura. Há que haver lugar e momento para várias possibilidades e modelos de carreira intelectual, seja na universidade, em laboratórios e em institutos de pesquisa.

O momento que atravessamos é favorável para exorcizar a tentativa de estabelecer modelos polarizantes e antagônicos na busca do conhecimento em ciências sociais. As cobranças e intolerâncias mútuas podem constituir interessante objeto de pesquisa de uma sociologia do conhecimento. No entanto, enquanto cidadãos e profissionais conscientes, cabe valorizar o espaço para a multiplicidade de estilos e trajetórias. As próprias noções de sucesso e insucesso devem ser examinadas com mais finesse, pois, sem desdenhar, obviamente, a importância do desempenho individual, o conhecimento é construído a longo prazo através de milhares de mãos e cérebros. Sem abrir mão de padrões sérios embora flexíveis, talvez possamos estar dando passos decisivos para a consolidação acadêmica da ciência social no Brasil, tornando-a, ela própria, objeto de análise.

Jornal do Brasil, 21/7/85

51
Ampliar o espaço

A atividade de pesquisa científica em toda sociedade está vinculada a necessidades e prioridades de natureza mais geral. No entanto, é importante garantir sempre espaço e recursos para a chamada pesquisa básica, cujos resultados e benefícios são efetivados a longo prazo.

Em outros termos, há toda uma área de pesquisa fundamental que se justifica em seus próprios termos, pela produção de conhecimento, de recursos humanos etc. Na área das ciências humanas, por exemplo, as tentativas de subordinar a reflexão filosófica, sociológica, antropológica, entre outras, a interesses políticos e objetivos, utilitaristas, sempre levou a um esvaziamento de sua riqueza e profundidade. Isto vale também para toda pesquisa científica, seja em física, genética, matemática, geologia.

As prioridades e necessidades a que pode estar vinculada a pesquisa científica não são, portanto, assunto trivial. O consenso é problemático, em uma sociedade complexa, como a brasileira, em que há múltiplos atores e interesses nessas disputas e negociações. A participação da comunidade de pesquisadores no processo de elaboração e decisão de uma política científica nacional é antiga aspiração, sufocada e reprimida durante décadas, particularmente no que ficou conhecido como regime autoritário. Várias conquistas foram obtidas na Nova República. O Ministério da Ciência e Tecnologia abriu este espaço para a participação dos pesquisadores. Mas, apesar do esforço, persistem resistências de grupos e setores da burocracia, alguns herança do regime autoritário, que têm dificuldades de entender os critérios e prioridades dos pesquisadores. O utilitarismo imediatista, as tentativas de homogeneização arbitrária, o fascínio pelo número, quantidade, em detrimento do significado da qualidade das áreas específicas de conhecimento, são exemplos de entraves que persistem.

Os pesquisadores não devem, por sua vez, permanecer enquistados, lamentando as incompreensões da burocracia e, eventualmente, de outros setores da sociedade civil. Há que realizar um esforço para divulgar as propostas, opiniões e aspirações da comunidade científica. Para isso, continua sendo fundamental o papel das sociedades, particularmente da Sociedade Brasileira para o Progresso da Ciência. Certamente, esta deverá ser uma das preocupações centrais da 39ª Reunião Anual da SBPC, a realizar-se em Brasília, no próximo mês de julho.

É preciso continuar dialogando e ampliando o espaço para a pesquisa científica, que, embora tenha obtido reais avanços, está longe de ter assegurado estabilidade e continuidade a longo prazo.

O Globo, Pesquisa científica no Brasil, 7/3/87

52
Universidade em crise

Durante mais de vinte anos, as universidades brasileiras sobreviveram e resistiram ao regime militar. Hoje, estão cometendo suicídio. Um dos paradoxos da abertura e da transição é a grande incompetência para lidar com o maior grau de liberdade. Grupos e indivíduos, que ontem eram aliados na luta contra o obscurantismo, atualmente se digladiam de modo feroz e implacável. Algumas idéias estão em jogo, mas o que aparece, de modo gritante, é a vontade de exercer um pobre poder. Neste vale-tudo, quem perde é a universidade. Todos os ideais de convivência democrática, de saudável pluralismo vão por água abaixo, diante da voracidade de alguns grupos que, considerando-se donos da verdade e acreditando que os fins justificam os meios, perdem todo o sentido ético e o espírito acadêmico. A universidade torna-se um campo de batalhas e mesmo pessoas bem-intencionadas se vêem envolvidas em bate-bocas e troca de insultos degradantes. Professores, alunos, funcionários são contaminados por esse clima agressivo, onde as diferenças da posição funcional e de opinião passam a ser razão para antagonismos inacreditáveis.

É hora de buscar soluções e sair do atoleiro. A crise por que hoje passa a Universidade Federal do Rio de Janeiro, talvez caso-limite, por seu tamanho, complexidade e importância, precisa ser debelada pela própria comunidade, antes que fique configurada uma situação propícia a intervenções. Há quem ache que este é o perigo real e próximo. A sociedade civil, a imprensa, as sociedades científicas expressam sua preocupação pela UFRJ. Isso é indício de que ainda temos amigos e de que é possível ter apoios externos, que não signifiquem uma ingerência indébita. Há aqueles que se comprazem e se divertem com as dificuldades da universidade, por motivos diversos, que vão do ressentimento pessoal ao sectarismo político. Outros se confessam estarrecidos ou entediados com os seus problemas.

De qualquer forma, temos uma dívida para com a sociedade e o país. Apesar de todas as queixas e crises, o mundo universitário é privilegiado dentro de uma nação semi-alfabetizada e carente, sob todos os aspectos. É preciso que ele dê exemplos de civilidade e integridade. No caso atual da UFRJ, é necessária uma trégua entre os grupos que se enfrentam, a partir do processo eleitoral. Quase todos nós, membros da UFRJ, temos nossas preferências e posições diante deste confronto, mas me parece que a saída possível, transparente, para a comunidade universitária e para a sociedade em geral, é zerar todo este processo. Há que tentar, dentro da lei, reencaminhar a discussão para um território mais tranqüilo, de onde possa surgir uma nova direção para a universidade. Sobretudo, há que procurar restaurar o clima de trabalho, de diálogo e de convívio das diferenças, essencial para o equilíbrio e para a continuidade da vida acadêmica.

Jornal do Brasil, 28/7/89

53
Evasão de cérebros e corações

Há cerca de vinte anos viajo com regularidade aos Estados Unidos, por razões de trabalho e intercâmbio acadêmico. Muitas mudanças ocorreram aqui e lá neste período. Um dos fenômenos mais impressionantes a constatar é o crescente número de brasileiros que se deslocam para a América do Norte, somando-se o Canadá e os Estados Unidos. O transporte aéreo massificou-se, intensificou-se a comunicação internacional. O turismo foi incrementado. Multidões brasileiras ávidas por consumo percorrem cidades americanas, principalmente Nova York e Miami. Assim, num primeiro nível registra-se a existência de grupos e segmentos sociais com poder aquisitivo para viajar para o exterior e consumir. Parece haver um declínio nesse movimento, segundo dados das alfândegas e agências de viagem, mas continua muito significativo, basta pensar em Orlando e Disney, na Flórida. Mas, paralelamente, foi crescendo o número de brasileiros, de variados níveis sociais, que vão efetivamente morar nos Estados Unidos. Em 1971, quando realizei pesquisa com a população portuguesa na área de Boston, já se encontravam, aqui e ali, brasileiros, de origem relativamente modesta, trabalhando no setor terciário. Já se podia ouvir sotaque mineiro na Nova Inglaterra. Hoje existem centenas de milhares de compatriotas nossos, espalhados principalmente entre Nova York, Boston, o estado de Nova Jersey, Miami e Los Angeles. As razões desse deslocamento são diversas e complexas. É necessário, primeiramente, dimensionar, com maior precisão, o tamanho do universo dos imigrantes brasileiros nos EUA.

A tarefa é difícil, pois os formulários oficiais norte-americanos têm um sistema que não distingue os brasileiros de *spanish* ou *latin*. Constituem, nos termos da antropóloga norte-americana Maxime Margulies, uma *minoria invisível*. Seria necessário um trabalho conjunto de agências brasileiras e norte-americanas para melhorar a qualidade dos dados.

Cabe refletir sobre as motivações envolvidas nesse processo. A crise econômica brasileira, com estagnação, falta de oportunidade, salários insatisfatórios, subemprego, inflação etc. é, obviamente, um fator de expulsão.

Por outro lado, de forma não contraditória, mudaram as aspirações de consumo e padrão de vida no referido período de vinte anos para vários setores da sociedade brasileira e no mundo em geral. Existe um inegável fenômeno de internacionalização ocorrendo em diversos níveis da vida social e cultural. Assim, a circulação de certos tipos de mão-de-obra é mais um dado novo deste final de século. No caso brasileiro, não deixa de ser alvissareiro constatar que artistas, cientistas, pesquisadores, técnicos, profissionais liberais, sejam valorizados no mercado internacional. A participação de brasileiros, em produções internacionais, como o excepcional filme *At Play on the Fields of the Lord*, que está estreando nos EUA, é um bom exemplo, assim como a presença de vários cientistas em projetos e atividades, não só nos EUA, como na Europa. Existe, portanto, uma dimensão saudável nesse intercâmbio, que implica um afastamento temporário.

Mas, infelizmente, é muito significativo o peso dos fatores de expulsão. Aí não se trata mais de afastamento por período limitado, mas sim do risco de perda de quadros altamente qualificados e que não encontram no Brasil condições de sobrevivência digna ou para o exercício de seu ofício. É o caso de cientistas que fazem cursos no exterior e não têm como trabalhar no Brasil, porque seus laboratórios tiveram recursos "contingenciados", ou então pesquisadores que têm seu trabalho reconhecido fora do país e que aqui são obrigados a se submeterem a exigências burocráticas amesquinhadoras, quando não aviltantes.

É o caso também dos profissionais demitidos na área da cultura porque não tinham os famosos "cinco anos", saciando a cota arbitrária dos senhores Santana e Ipojuca. Erro até hoje não corrigido, apesar dos excelentes propósitos dos ministros Garcia e Rouanet.

Estamos falando, neste momento, de elites em cuja formação e treinamento o país muito investiu e gastou. A incapacidade de manter ou absorver quadros é uma das marcas mais dramáticas da atual conjuntura brasileira. O mais grave em tudo isso é o aparente desconhecimento ou insensibilidade das autoridades federais quanto à seriedade dessa evasão de cérebros e corações. Nada mais evidente do que a "tristeza e melancolia" daqueles que gostariam de aqui estar, produzindo e trabalhando perto de suas fontes, origens e inspiração. Não podemos, é claro, tudo atribuir ao governo Collor. Trata-se de um processo longo e doloroso, cujas raízes mais próximas estão no período da ditadura militar que afastou, brutalmente, parte de uma geração para o exílio cruel e sofrido. As esperanças e expectativas de redemocratização foram, em grande parte, frustradas pelo pífio e leviano governo Sarney, época de conchavos e clientelismo, embora, inegavelmente, de maior liberdade e circulação de idéias.

As crescentes dificuldades do país foram contribuindo para o crescimento da emigração, assim como do fluxo de capital e investimentos, para plagas mais seguras e confiáveis. Hoje, sabe-se do considerável volume de recursos brasileiros que circulam no exterior, parte em especulação nebulosa, mas parte em atividades produtivas que, em tese, poderiam estar contribuindo diretamente para o desenvolvimento brasileiro. Com a eleição de Collor, atingimos um ponto-limite de decepção e frustração. Não se trata apenas de uma questão econômica de mercado de trabalho. É mais grave, pois atinge os sentimentos e emoções mais profundos. O atual clima de desalento e desesperança pode, realmente, inviabilizar o futuro do país. Os erros grosseiros da administração federal, a ignorância e a miopia, resgatadas as exceções de praxe, a intolerância, o provincianismo e a falta de grandeza acabam por configurar um quadro estéril e hostil a qualquer criatividade. O preço que já está sendo pago é enorme. Pessoas de todos os níveis sociais pensam em sair do Brasil. Descendentes de japoneses, italianos, suíços etc. tentam a viagem de volta. Estamos correndo o risco de virarmos um novo tipo de *boat people.*

Não se trata de pregar um insulamento e lamentar a saída de brasileiros para produzir e atuar no mundo exterior. O fundamental é dar um mínimo de condições para que haja algum tipo de equilíbrio nessas idas e vindas.

No momento, corremos o risco terrível de, em função de uma crise que se agrava progressivamente, e que se manifesta em todos os níveis da sociedade, perder o mais importante patrimônio de uma nação, que são seus filhos mais combativos e criativos. O exemplo milenarista dos mineiros que fretaram um barco procurando chegar a Miami — porta de entrada da terra prometida, onde correm o leite e o mel —, que foram interceptados pelas autoridades haitianas, expressa dramaticamente a extensão da crise. Assim como outros países em dificuldades, vivemos hoje uma espécie de diáspora que poderá ter conseqüências irremediáveis para a nossa história. A retomada do crescimento econômico, o apoio criterioso às atividades científica e cultural e o funcionamento efetivo do aparelho estatal são alguns óbvios passos necessários para reverter essas tendências ameaçadoras. Esta tarefa não é, sem dúvida, só do governo federal, mas passa necessariamente por ele.

Jornal do Brasil, caderno Idéias, 15/12/91

54
Ciência e qualidade de vida

A Sociedade Brasileira para o Progresso da Ciência (SBPC) encontra-se na fase final de preparação de sua 45ª Reunião Anual, a ser realizada em Recife, entre 11 e 16 de julho. A comunidade científica nacional se mobiliza para esse evento, que girará em torno do tema "Ciência e qualidade de vida". Entende a SBPC, através de sua direção e de seu conselho científico, expressando a opinião de seus sócios, que, mais do que nunca, é importante aproximar o trabalho científico dos problemas cruciais e prementes que afligem a sociedade brasileira. Isto não implica uma visão utilitarista, de curto prazo, das tarefas da ciência, mas sobretudo a valorização de uma perspectiva humanista. Esta semana foi marcada pelas preocupações da SBPC, em seus posicionamentos e manifestações, diante da iniqüidade econômica e social que caracteriza nossa história. Trata-se de reafirmá-la em um período particularmente difícil, depois do catastrófico governo Collor, cujas seqüelas ainda teremos de sofrer por muitos anos. Tanto na ordem material como na dos valores, urge essa reafirmação da dignidade humana, repelindo a versão amesquinhadora e manipulativa, supostamente "moderna", do desenvolvimento social. Nesse sentido é que criticamos as noções de progresso desligadas de uma perspectiva humanista. A área científica e cultural foi, como sabemos, uma das maiores vítimas do governo Collor. Isso não foi coincidência. O pensamento crítico é o maior adversário de governos e grupos políticos que fazem da demagogia sua arma principal. As universidades, os institutos de pesquisa, as atividades artísticas, todos os focos de criatividade foram alvo do menosprezo e da agressão da conhecida quadrilha (apesar do STF).

Por tudo isso, consideramos que a 45ª Reunião Anual terá também um caráter de celebração da sobrevivência e da continuidade da comunidade científica e cultural.

Entendemos que a pesquisa básica é, por isso mesmo, uma atividade libertadora, criadora e multiplicadora de conhecimentos e quadros qualificados. A pesquisa tecnológica, por sua vez, é instrumento e produtora da inovação e desenvolvimento. São duas vertentes que se associam, combinam e fortalecem reciprocamente, formando o campo maior e complexo da atividade científica. Portanto, a 45ª Reunião Anual deverá contemplar essas vertentes na sua diversidade temática e especializações disciplinares, congregando mais de cinqüenta sociedades científicas.

Serão discutidos, entre outros, os temas da seca, da desigualdade social, do racismo, da unidade nacional e das diferenças regionais, das novas tecnologias, da universidade, da questão energética, da saúde pública, da criminalidade, da identidade cultural, dos grupos indígenas, do projeto espacial, da política externa, do controle das armas nucleares, do mercado de trabalho.

A problemática da qualidade de vida percorre quase toda a programação, abarcando seus múltiplos aspectos e dimensões, como o ecológico, o econômico, o político e o cultural. Qualidade de vida, nessa perspectiva, vincula-se a uma política de conhecimento e pesquisa científica voltada ao combate contra a poluição e destruição do meio ambiente, assim como para a luta contra a fome, a miséria e a exploração.

Procura-se ter, por conseguinte, uma visão integrada das diversas dimensões da interação homem-natureza, assim como dos significados culturais e das ações sociais relacionadas.

Por outro lado, a reunião apresentará atividades sobre pesquisa de ponta, conquistas e problemas recentes da ciência, bem como trabalhos de divulgação científica que promovem a interação dos pesquisadores com diferentes públicos, dando ênfase especial aos jovens. Esta é uma das características de nossas reuniões. *Workshops*, mesas-redondas, simpósios e cursos têm essa dupla finalidade. Visa-se, simultaneamente, ao aprofundamento científico e à divulgação, sem concessões abusivas e simplificações, da produção das idéias e dos métodos de trabalho associados às atividades científicas.

A Reunião Anual da SBPC é o oposto da torre de marfim. É um lugar de encontro e de debate de cientistas, estudantes e profissionais de diferentes áreas e especificidades. É sobretudo um ritual de afirmação dos laços e compromissos da comunidade científica com a sociedade brasileira.

Jornal do Brasil, 14/6/93

55
Ciência e democracia cultural

No recente XIX Encontro Anual da Associação Nacional de Pós-Graduação e Pesquisa em Ciências Sociais (Anpocs), realizado em Caxambu, MG, ficaram evidentes a riqueza, o dinamismo e a complexidade da reflexão e crítica socioculturais no Brasil contemporâneo.

Ao lado da expressividade numérica da Reunião, com mais de mil participantes e cerca de trezentos eventos, entre conferências, mesas-redondas, fóruns e comunicações em grupos de trabalho, ressalte-se a variedade de temas, pontos de vista e perspectivas. Discutiram-se tanto questões de ponta da ciência social contemporânea como problemas específicos da sociedade brasileira. A junção dessas preocupações constituiu-se em uma das principais marcas do encontro.

Emblematicamente, a homenagem a Florestan Fernandes expressou, com intensidade, esta perspectiva. As comunicações, apresentadas em mesa-redonda, de autoria de Antonio Candido, Roque Laraia, Maria Arminda Arruda, José de Souza Martins e Octavio Ianni, analisaram obra e trajetória de um autor que conseguiu estar na vanguarda da ciência social internacional, ao mesmo tempo que se voltava de corpo e alma para a discussão e o encaminhamento das questões e impasses da sociedade brasileira.

Diferentes preocupações, estilos disciplinares e pessoais conviveram, em profícua interação, nos três dias da Reunião. Mas, a par de todas as variações, prevalecia uma identidade maior de cientista social, que congregava antropólogos, sociólogos, cientistas políticos, historiadores, economistas, pesquisadores nas áreas de letras e comunicação, lingüistas etc.

Não se tratava de nenhum projeto homogeneizador nem empobrecedor das especificidades disciplinares, mas sim a ênfase em um campo de comunicação em que as diferenças são valorizadas para que a troca e o diálogo sejam mais ricos e estimulantes. A possibilidade de impasses e conflitos não está excluída deste quadro e, certamente, registram-se situações em que não se chegou a um consenso ou mesmo a um acordo sobre os temas científicos e/ou políticos.

Na realidade, o que uma reunião como a da Anpocs pode nos trazer, de modo mais abrangente, é uma reflexão sobre a democracia nas sociedades moderno-contemporâneas, como a brasileira. Não se trata de, simplisticamente, fazer analogias forçadas entre uma reunião de acadêmicos e a sociedade como um todo, mas sim buscar extrair conseqüências mais gerais a partir de uma experiência intensa de debate e negociação de diferenças.

Os cientistas sociais desempenham papéis específicos, mas não vivem insulados em um mundo à parte. Conhecem outras situações e experiências que, no mínimo, tornam complexas suas biografias e visões de mundo. Família, religião, lazer, diversas formas de sociabilidade constituem seu cotidiano. Certamente a política e a vida pública estão sempre presentes, embora em graus diversos, nas suas trajetórias individuais. A maneira de elaborar essa variedade de experiências, eventualmente contraditórias, produz diferentes estilos e modelos de carreira. O exemplo de Florestan Fernandes, respeitado e homenageado, é percebido como referência fundamental, como modelo possível, mas não exclusivo, de carreira intelectual.

Valorizam-se, assim, as diferenças, que, em lugar de serem encaradas como problema, se tornam fonte permanente de estímulo e criatividade. O confronto de pontos de vista, a tentativa de diálogo, o debate mais ou menos acirrado e a permanente circulação de idéias configuram o que há de mais promissor na vida intelectual. Isso, certamente, não equivale a encará-la como um permanente campo de batalha ou, mesmo, uma liça em que a disputa e a ocupação de terreno material e/ou simbólico tudo explicam e justificam. A construção do conhecimento a longo prazo, o acúmulo progressivo de avanços, a elaboração às vezes quase imperceptível de novas sínteses, a cooperação e a troca constituem, por sua vez, uma dimensão nem sempre consciente, mas inarredável, não só da vida científica e acadêmica, mas da criatividade cultural como um todo. Constata-se que a cultura é um processo permanente de negociação, trocas e mudança, contrária a visões imobilistas que congelam fenômenos e fronteiras socioculturais.

Encontros como o da Anpocs são momentos privilegiados para analisar e viver esse dinamismo nas relações sociais e inovação cultural. Em geral, o nível e as características de eventos culturais variam em função da própria heterogeneidade constitutiva da sociedade brasileira. Tipicamente, estão respondendo à vontade de interagir, aprender e aperfeiçoar-se, aspiração legítima em uma sociedade em que se multiplicam projetos de cidadania.

As motivações para a negociação e o diálogo entre diferentes atores e categorias sociais estão, indissoluvelmente, associadas às próprias dificuldades do cotidiano. A desigualdade social, os conflitos de toda espécie, a evidência da violência, a perplexidade diante da política e da vida pública e as transformações da modernidade em geral produzem um quadro que aguça o espírito crítico de múltiplos setores e segmentos, ávidos de resposta e participação.

A possibilidade de combinar diversos tipos de conhecimento, acionando-os em momentos e níveis de realidade específicos, é experiência bastante difundida na sociedade moderno-contemporânea. A troca e o intercâmbio cultural entre diferentes mundos e categorias sociais certamente possibilitam uma perspectiva mais ampla no que se refere à mudança cultural e às transformações sociais. A relativa liberdade individual, dentro de um campo de possibilidades, com a valorização da opção e da escolha, é a base de elaboração de projetos democráticos mais amplos, em que a discussão e o diálogo são motores constantes.

Folha de S. Paulo, 5/11/95

56
"A universidade é fundamental"
(Entrevista a Cláudio Figueiredo)

Atual presidente da Anpocs, o antropólogo Gilberto Velho passa o cargo na semana que vem, em Caxambu, durante o XX Encontro Anual da Associação Nacional de Pós-Graduação e Pesquisa em Ciências Sociais. Para ele, o evento é um momento-chave para os pesquisadores esquecerem as divisões entre suas áreas acadêmicas, "evitando guetos e compartimentos estanques". A universidade, segundo ele, vive um momento difícil e precisa passar por reformas. O antropólogo chega a questionar alguns tabus da categoria, como a reivindicação de isonomia salarial entre professores de diferentes estados. Mas também acredita que a universidade precisa ser defendida dos que a vêem como algo supérfluo, entre os quais inclui integrantes da equipe econômica do governo: "A universidade tem um papel fundamental na vida social. É um espaço mais isento, mais crítico, no qual pode ser desenvolvida uma reflexão mais independente."

O que representa uma reunião como a da Anpocs, da qual participam cerca de mil professores e pesquisadores de áreas diferentes?

Tem de haver uma divisão de trabalho entre os pesquisadores, por uma questão de economia, divisão de esforços e recursos, mas a perspectiva global tem de ser de travessias de fronteiras, evitando guetos, compartimentos estanques. Não podemos confundir as fronteiras de organização administrativa, inevitáveis e necessárias, com a produção de conhecimento. A Anpocs é a grande oportunidade dentro das ciências sociais brasileiras de, através de conferências, mesas-redondas e grupos de trabalhos, juntar pessoas de vários grupos, de várias tradições, de várias orientações e disciplinas. É um momento privilegiado de debate.

Na pauta do encontro, há trabalhos sobre os sem-terra e a família nos anos 90. A academia está se mostrando mais ágil na interpretação da realidade?
Acho que sempre esteve. Na antropologia, veja o caso do Hermano Vianna, por exemplo, que foi quem "descobriu" o *funk*. Isso não estava na imprensa. E sobre as drogas: em 1975, eu estava defendendo minha tese de doutoramento sobre este assunto. Discussão sobre família, comportamentos alternativos, desvios, transgressão, tudo isso, desde o início dos anos 70, a gente vem discutindo de uma maneira bastante responsável. A academia não está atrás. Muitas vezes ela tem tido um papel pioneiro, abrindo muitas discussões.

Como presidente da Anpocs, como o senhor avalia a situação da universidade brasileira hoje?
Ficamos muito aflitos com a fragilidade da situação da universidade. Estou convencido de que a universidade tem um papel fundamental na vida social. Não é uma coisa anacrônica; é um espaço em princípio mais isento, mais crítico, que pode fazer uma reflexão mais independente. Esta reflexão é o grande patrimônio da universidade. A sociedade e o Estado devem reconhecer a importância disso, devem valorizar isso, senão podem destruir a universidade, tirando recursos, enfraquecendo-a e desmoralizando-a.

A universidade é fundamental para a idéia de uma sociedade moderna. Ela é um espaço em que as idéias podem circular com um pouco mais de distanciamento em relação a interesses imediatistas. Por isso, sua desvalorização, no Brasil e no mundo, causa grande apreensão.

Nos últimos tempos, a universidade vem sendo muito cobrada e seu modelo atual também tem sido muito discutido. A universidade está numa encruzilhada?

Está. Isso que eu disse não significa que a universidade não deva e não precise ser transformada e aperfeiçoada. Ela vive um momento difícil. Houve grandes distorções. A universidade inchou. Estabeleceram-se alguns hábitos ruins. Algumas pessoas não gostarão de ouvir isso de mim, mas, pessoalmente, tenho fortes reservas em relação à idéia de isonomia entre todas as universidades federais do país; são realidades diferentes. A questão do ensino pago é muito mais complicada do que as pessoas colocam. Admitir que parte dos alunos possa pagar não é incompatível com a idéia de ensino público. Faz sentido na medida em que os alunos mais carentes não paguem. Há necessidade de uma reforma. Em algumas universidades, houve inchamento de funcionários, às vezes por razões políticas menores. Não quer dizer que não tenhamos ótimos funcionários. Mas é preciso racionalizar a distribuição de funcionários. Eu sou a favor da reforma administrativa permanente, como um processo. Não com pacotes à moda Collor. O tipo de intervenção feita pelo Collor foi desastrosa. Causou estragos ainda não avaliados até hoje, principalmente na área da cultura. Foi uma reforma sem critério. Não quero dizer que esta agora vai ser igual. Estou alertando para este perigo. É preciso ver cada instituição caso a caso. Tem de haver diálogo. Existe gente muito boa dentro do serviço público em geral, e há núcleos de excelência de alto nível dentro da universidade.

O senhor participa da coordenação de um projeto recém-criado, o Programa de Núcleos de Excelência, que vem provocando alguma polêmica. O que é o programa e qual seu objetivo?

Participo da comissão geral de coordenação do Programa de Núcleos de Excelência (Pronex) como responsável pela área de ciências humanas e sociais. O programa tem um nome péssimo, passa a idéia errada de que só há excelência nestes projetos. Há anos, principalmente na SBPC, vem se afirmando a necessidade de um programa que garanta recursos mais estáveis para a ciência brasileira, para projetos a longo prazo. É terrível viver no sobressalto de que não vai se ter dinheiro amanhã para comprar um livro ou pagar uma passagem para alguém fazer uma pesquisa de campo. Uma pesquisa pode ser destruída assim. Grande parte dos programas de melhor nível depende de recursos que vêm da Finep, do CNPq, da Capes. Os atrasos recorrentes abalam a atividade científica. É admirável que a ciência no Brasil, com toda essa precariedade, tenha atingido a maturidade que atingiu. O Pronex surgiu dessa preocupação original. Foi ruim o nome ter mudado, mas a idéia fundamental é essa: é um dinheiro novo entrando no sistema, que não concorre com os recursos da Finep ou da Capes. Será passado a projetos para serem desenvolvidos em prazos mais longos, de quatro a oito anos, e com garantias de regularidade. E isso não implica a retirada de recursos das agências tradicionais.

Qual o volume desses recursos?

Comparando com os recursos habituais para a ciência brasileira, eles têm algum peso. Para se ter uma idéia, a Finep e o CNPq dão, juntos, R$ 52 milhões este ano, mas este dinheiro tem atrasado. E o Pronex, R$ 37 milhões. Cada projeto aprovado receberá recursos ao longo de quatro anos. No próximo ano, mais R$ 37 milhões serão liberados para novos projetos em quatro áreas (ciências exatas, ciências humanas e sociais, ciências da vida e tecnológicas), que contarão com este apoio durante quatro anos. Já está no orçamento. A grande vitoriosa foi a comunidade científica, já que isso era uma antiga reivindicação. E temos de reconhecer o interesse do Fernando Henrique Cardoso. Ele é bem assessorado nesses assuntos e achou o projeto importante. Este programa só faz sentido se tiver continuidade e se a comunidade vivenciar isso como algo dela, não uma coisa imposta de fora. É fundamental não colocar a salvação da ciência brasileira nas costas do Pronex. Ele é apenas um dos instrumentos.

A liberação desses recursos num momento em que só se fala em cortes não deve ter sido fácil...
Sim. Eu votei no Fernando Henrique e continuo apoiando. Mas o governo é muito heterogêneo. Em relação à universidade, ciência e tecnologia, há setores do governo — mais da área econômica — que estão, na melhor das hipóteses, indiferentes à atividade científica e à vida universitária. Às vezes porque estão tão encantados com a idéia de modernidade e globalização que acham que não há necessidade de se desenvolverem certas atividades no Brasil, desde que elas existam no Primeiro Mundo. Isso é um erro gravíssimo. Claro que existe circulação de idéias no mundo. Mas existem atividades fundamentais que o Brasil tem de desenvolver e elas acontecem na universidade. Isso não tem nada a ver com autarquia ou xenofobia. A vida acadêmica é, por definição, transnacional em vários aspectos. É uma

atividade cosmopolita. Mas temos de ter áreas protegidas pelo Estado, porque são do interesse público. Porque, se você deixar para a lógica do mercado, corremos o risco de ter um patrimônio destruído.

Jornal do Brasil, caderno Idéias, 19/10/96

57
O lugar da ciência

Ao inaugurar-se a 49ª Reunião da Sociedade Brasileira para o Progresso da Ciência (SBPC), hoje, em Belo Horizonte, cabe mais uma vez meditar sobre o lugar e o significado social da atividade científica em nosso país.

A SBPC tem desempenhado um papel central na história brasileira recente. Criada no período de redemocratização, com a queda do Estado Novo e com o final da Segunda Guerra, congregou, progressivamente, profissionais de diferentes áreas científicas, preocupados não só com a ciência propriamente dita, mas com a situação geral do país, valorizando a responsabilidade social dos cientistas. Essa atitude ganhou especial estatura durante os vinte anos de regime militar, quando a SBPC foi um dos principais bastiões de defesa da democracia. Enfrentou ameaças, hostilidade, censura, truculência, mas manteve suas reuniões anuais, mesmo que em condições precárias, onde pesquisadores, professores, alunos e diferentes setores da sociedade civil se congregavam para o trabalho científico e para a mobilização contra o autoritarismo e seus desmandos. As reuniões cresceram, assumiram fortes dimensões políticas e tornaram-se eventos de grande repercussão, ainda que prejudicadas pela censura vigente.

Houve quem lamentasse a perda de seu caráter estritamente científico mas, na realidade, desde seus primórdios, a SBPC sempre estimulou uma dimensão de crítica social e preocupação política. Creio ser impossível dissociar, nos encontros da SBPC, essas vertentes que, de algum modo, se complementam. É, por outro lado, uma ocasião privilegiada para a socialização dos estudantes de vários níveis e para estabelecer pontes e diálogos com a sociedade como um todo, não só através da divulgação explicitamente voltada para esses objetivos, mas pela oportunidade oferecida de conhecer cientistas e seu trabalho em várias áreas e especialidades.

A reunião da SBPC, sendo um lugar de diálogo, apresenta divergências e polêmicas. Nesse sentido, é um espaço democrático, por excelência, fato particularmente significativo durante o regime militar, mas sempre importante. Assim, a SBPC foi uma das primeiras entidades a pedir o *impeachment* de Collor, tornando-se, por isso, objeto de pressões e censura, inclusive de parte da imprensa. Embora estivéssemos, em tese, num período democrático, não faltaram vozes, mesmo de intelectuais ilustres, pedindo o fechamento da associação. Mais tarde, boa parte dos críticos reconheceu o mérito da iniciativa da SBPC, enquanto outros simplesmente se calaram.

Hoje, vivemos um período em que, sem dúvida, a vida democrática se revigora. Estamos longe da censura da ditadura e da truculência de Collor. Isso deve ser registrado e comemorado com o devido reconhecimento do papel da SBPC nas lutas travadas. É inevitável, no entanto, que a reunião também mantenha sua dimensão crítica. Os problemas do país certamente continuam merecendo atenção da comunidade científica. Faz parte de sua responsabilidade social debatê-los, sugerindo propostas e encaminhamentos.

A própria situação da atividade científica no Brasil tem provocado fortes críticas e questionamentos. As condições de trabalho extremamente precárias nas universidades públicas e instituições de pesquisa compõem um quadro preocupante. Salários congelados, contingenciamento de recursos fundamentais, atrasos na liberação de verbas produzem um cenário de desânimo e ceticismo. A acusação de corporativismo tem sido feita com alguma facilidade, ignorando que, geralmente, o que está em jogo são diferentes concepções sobre a realidade do país, além da luta legítima pela sobrevivência pessoal e institucional. Iniciativas importantes, como o Programa de Núcleos de Excelência (Pronex), devem ser mais bem divulgadas e relacionadas com as outras dimensões da política científica do governo federal, para superar boatos e desfazer mal-entendidos.

A reunião da SBPC, portanto, continua sendo uma ocasião privilegiada para o diálogo e o debate entre diferentes atores da sociedade brasileira. Particularmente é o momento privilegiado para um dimensionamento da situação da atividade científica. Será uma oportunidade preciosa para que o governo, comunidade científica e sociedade civil possam prosseguir, produtivamente, numa tarefa conjunta, o aprofundamento de uma reflexão que possa trazer benefícios para todos.

Jornal do Brasil, 13/7/97

58
Universidade e poder

Poderia ser gratificante confirmar, a partir da recente visita presidencial à Inglaterra, como a liderança do nosso atual governo valoriza a vida acadêmico-universitária. As cerimônias e os doutoramentos *honoris causa* na London School of Economics e na Universidade de Cambridge mostraram o presidente vivendo plenamente o seu papel de acadêmico, contrastando com outros personagens, de péssima memória, sem nenhuma familiaridade ou interesse para com a especificidade da vida universitária.

Paradoxalmente, no entanto, durante a viagem presidencial, aqui no Brasil a comunidade científico-universitária reunia-se, perplexa e chocada, com o acelerado processo de deterioração de nossas instituições, diante dos cortes e contingenciamento de recursos efetuados pela *equipe econômica* do mesmo presidente. A maior e, sem dúvida, a mais importante das universidades federais, a do Rio de Janeiro — antiga Universidade do Brasil —, encontra-se sem recursos até para pagar contas de luz, telefone e limpeza. Instituição que disputa com a Universidade de São Paulo, *alma mater* do presidente, a liderança de excelência em quase todas as áreas do conhecimento, encontra-se, como instituição federal, em situação de extrema penúria e ameaçada de colapso.

Não há dúvida de que boa parte dessa responsabilidade deve ser creditada a erros e desacertos da própria comunidade universitária. Até hoje pagamos um elevado preço por administrações descomprometidas com a excelência acadêmica, voltadas para uma politicagem populista, com inchamento e distorções de toda espécie. Não se trata, portanto, de tapar o sol com a peneira e pretender que não existam deficiências e falhas, até graves, em várias áreas universitárias. No entanto, apesar disso, os melhores grupos de docentes-pesquisadores têm prosseguido no seu trabalho de produção de conhecimento e formação de quadros essenciais para o desenvolvimento do país, com grandes sacrifícios e boa dose de idealismo. Com todas as dificuldades, a excelência desses grupos tem sido reconhecida, recorrentemente, em instâncias nacionais e internacionais da mais alta credibilidade.

Mais recentemente, existia uma forte expectativa de que no governo Fernando Henrique a universidade poderia ser recuperada e consolidada através do diálogo construtivo com as autoridades governamentais, algumas de reconhecido mérito intelectual e acadêmico. Sem dúvida, boas iniciativas foram tomadas, como a criação do Programa de Núcleos de Excelência (Pronex), do Ministério de Ciência e Tecnologia. Mas os recentes cortes nas bolsas do CNPq e da Capes e o paralisante contingenciamento dos recursos das universidades e do Fundo Nacional de Desenvolvimento Científico e Tecnológico (FNDCT) prejudicam gravemente todo o sistema universitário, científico e tecnológico brasileiro, inclusive os grupos beneficiados pelo Pronex, que, obviamente, dependem de suas universidades. A UFRJ talvez seja hoje o caso-limite, por seu porte e complexidade, no conjunto de universidades federais do país, expressando de modo agudo uma situação que contesta o proclamado interesse do Executivo pela produção de conhecimento. O fato é que hoje todas as instituições federais de ensino e pesquisa, independentemente de seu maior ou menor mérito, estão ameaçadas de colapso e já sofreram perdas irreversíveis.

Sabe-se dos cortes e contingenciamento que ocorrem em várias outras áreas do sistema federal, da saúde ao Itamarati, passando pela cultura e segurança pública, afetando dramaticamente compromissos e responsabilidades impossíveis de serem descartados ou mesmo postergados. Argumenta-se que tudo isso se passa em nome da preservação do Plano Real e da estabilidade econômica. Dificilmente encontrar-se-ia alguém que fosse favorável a tão ameaçadora volta da inflação e ao descontrole das contas públicas. No entanto, pergunta-se: será que a fórmula da equipe econômica tem de ser aceita como dogma inquestionável, especialmente quando se sabe, por experiência recente, da extrema precariedade de suas condições de previsão e planejamento? Por que considerar como infalíveis pessoas que já demonstraram sua capacidade de produzir arbitrariedades e trapalhadas, como o atual ministro do Planejamento, um dos principais responsáveis pelo confisco da poupança durante o inesquecível governo Collor? Por outro lado, será que a extraordinária concentração de poder nas mãos dos tecnocratas é adequada para a construção da democracia ou representa a continuidade de uma concepção autoritária e centralizadora de governar, agora com o poderoso pretexto da fatalidade de uma globalização com dimensões perversas, produtora de desemprego e de novas formas de desigualdade?

A situação atual das universidades federais é um dos exemplos mais claros — certamente não o único — dos estragos que estão sendo causados por essa deformação do atual governo, onde bons ministros e dedicados dirigentes de órgãos federais são humilhados cotidianamente na sua busca de recursos mínimos para assegurar a sobrevivência das instituições pelas quais são responsáveis. Essas pessoas e instituições são constantemente vítimas dos preconceitos e idiossincrasias individuais dos tecnocratas, que embora sejam, em sua maioria, homens de bem, não são santos nem seres iluminados. Padecem, sem dúvida, de excesso de poder, ocupando espaço desmedido a partir do enfraquecimento de outros atores sociais, como os próprios políticos, processo que tem suas raízes no regime militar. Aliás, diante do predomínio da lógica tecnocrática, a tendência é o esvaziamento da vida política, bloqueando o desenvolvimento de uma cidadania responsável.

Resta ainda a esperança de que o presidente da República se dê conta do que está ocorrendo e intervenha, com vigor, para corrigir o atual estado de coisas, confirmando sua imagem de intelectual e estadista democrata. Trata-se de promover maior equilíbrio dentro do governo, em termos de prioridades e objetivos, impedindo a destruição de áreas cruciais para um desenvolvimento social mais integrado e harmonioso. Não só como político, mas como sociólogo, o presidente certamente sabe dos riscos para o florescimento da democracia quando os quadros tecnocráticos deixam de ser assessoria para ocupar o centro do poder.

Jornal do Brasil,17/12/97

59
Universidade pública ameaçada

Não há como minimizar a crise que hoje se abate sobre as universidades públicas federais, com repercussão para todo o ensino do país. Elas são ameaçadas pelo acirramento de conflito entre dois atores com visões de mundo e comportamentos políticos diferenciados.

De um lado, temos um setor do governo, basicamente tecnocrático, que encontrou, no atual ministro da Educação, o seu porta-voz. Querem impor à universidade um modelo homogeneizante, baseado em um produtivismo quantitativo banal, que ignora as peculiaridades do trabalho intelectual e as especificidades das áreas de conhecimento. Há fortes indícios de que querem transformar a universidade em "escolão", relegando a segundo plano a pesquisa científica, a pós-graduação, a orientação dos alunos, entre outras atividades essenciais de uma universidade moderna. É claro que o ensino de graduação é essencial, mas não se pode desvinculá-lo da pesquisa científica, que alimenta a melhor atividade docente.

Quando o ministro bloqueou os salários dos professores, que, em alta proporção, trabalhavam normalmente, atacou com violência a universidade e a ciência brasileiras. Aparentemente ignora que grande parte da produção científica nacional se dá nas universidades públicas, com convênios e projetos apoiados pelo próprio governo federal, através do Ministério de Ciência e

Tecnologia, com agências como o CNPq e a Finep e programas como o Pronex. Essas atividades envolvem também importantes agências estaduais, como a Faperj, no Rio de Janeiro. Também a Capes, órgão do próprio MEC, tem papel estratégico na pós-graduação e junto aos grupos de excelência.

Em resumo, os atos e decisões desse setor tecnocrático e, particularmente, do ministro desrespeitam, ofendem e causam imensos prejuízos materiais e simbólicos à universidade e, através dela, à nação. O segundo ator que ameaça as universidades, alimentado pela incompetência e arrogância do primeiro, é um setor do movimento docente que, pelo seu radicalismo e agressividade, estimula situações de impasse que contribuem para a decadência e o esvaziamento da universidade pública, dando armas àqueles que querem desmoralizá-la. Através de assembléias, em geral pouco representativas, tomam decisões que afetam gravemente a vida de professores e alunos. Com motivações de militância política, provocam, inclusive, indisposições com setores significativos da sociedade civil. Freqüentemente, demonstram pouco interesse em negociar, criando situações irreversíveis.

Assim, os dois atores mencionados, adversários ideológicos, somam forças no processo de agravamento da situação da Universidade, provocando, entre outras conseqüências, evasão de professores e alunos, desiludidos e frustrados nos seus planos e projetos.

A grande maioria dos docentes, ao contrário do que pensa o ministro, trabalha bastante, dentro e fora dos *campi*. Dão aulas, orientam alunos, pesquisam, fazem trabalho de campo, escrevem, publicam, participam de congressos e fazem relatórios de todos os tipos.

Grande parte do que realizam não se enquadra nos formulários da Gratificação de Estímulo à Docência (GED). A avaliação regular é necessária, mas, certamente, a que é feita hoje peca pelo burocratismo superficial.

A universidade pública é um patrimônio da nação brasileira e deve fazer parte de uma política de Estado que não seja vulnerável à ação de tecnocratas preconceituosos e militantes furibundos. Precisa de apoio estável do Estado e de investimentos permanentes para que possa cumprir sua missão de produzir conhecimento e formar quadros qualificados. Não deve ser confundida com instituições privadas, que, independente de eventuais méritos e contribuições, são criadas e regidas pelo mercado. Sem dúvida, há necessidade de reformas sérias e profundas na universidade pública. O projeto de autonomia precisa ser retomado de forma criteriosa. A autonomia não pode significar o abandono pelo Estado de compromissos básicos com o funcionamento da universidade. Mas, por outro lado, urge romper com os vícios de um sistema nacional isonômico e burocratizado, pouco permeável à inovação e à criatividade. A autonomia responsável implica metas que possibilitem uma diferenciação enriquecedora e não o abandono e destruição de instituições estabelecidas.

As falhas e dificuldades das universidades devem ser enfrentadas, sobretudo, a partir dos professores comprometidos com seu trabalho e missão de docência e pesquisa. Será fundamental também a participação de técnicos, funcionários e alunos, que valorizem a universidade e a encarem com respeito e consideração. Só assim será possível resgatar a sua imagem e situação, tão desgastadas por arbitrariedades, preconceitos e intolerância de várias origens.

Jornal da Ciência, 7/12/01

60
O futuro da universidade

Todas as avaliações sobre a qualidade do ensino universitário brasileiro apontam o melhor desempenho das universidades públicas, refutando constantes tentativas de desqualificação. Há importantes destaques de outras instituições, sobretudo as PUCs, mas é inegável que a excelência de ensino e pesquisa associados concentra-se num conjunto de instituições federais, nas estaduais paulistas e em algumas outras, como a UERJ.

USP, Unicamp e Unesp, no estado mais rico do país, mantêm, com algumas variações, um padrão de boa qualidade. Contam com o apoio da Fundação de Amparo à Pesquisa do Estado de São Paulo, uma agência competente academicamente e financeiramente poderosa.

As universidades federais apresentam um quadro mais heterogêneo, mas é inegável a enorme importância científica e acadêmica da antiga Universidade do Brasil (UFRJ) e de outras, como Brasília, Minas Gerais, Rio Grande do Sul, Pernambuco, Fluminense, Santa Catarina, Paraná, Bahia, Ceará etc. São discutíveis as vantagens de funcionarem dentro de um único sistema, burocratizante e isonômico, dificultando a inovação e a criatividade que poderiam desenvolver-se ainda mais através de uma diferenciação responsável e enriquecedora. Mas o fato é que as universidades federais constituem um precioso patrimônio da nação, que não deve ser desperdiçado e amesquinhado.

Há vários problemas crônicos de recursos, desde salários até o necessário para a manutenção e renovação mínima das instalações, muitas vezes precárias e decadentes. A atividade de pesquisa depende basicamente do Ministério da Ciência e Tecnologia, que tem sido bastante atuante, embora opere com um orçamento relativamente limitado.

A criação dos fundos setoriais abre, sem dúvida, novas perspectivas. As agências estaduais, fora a mencionada Fapesp, têm, em geral, atuado de modo muito modesto e irregular. Recentemente, no Rio de Janeiro, a Faperj melhorou significativamente seu desempenho. Em um ou outro estado da federação, pode-se registrar algum investimento local na pesquisa universitária. A Capes, do Ministério da Educação, continua sendo uma agência importante, que interage bem com a universidade, destoando, às vezes, do comando do ministério.

Não é possível pensar-se em um projeto nacional, a longo prazo, em que a universidade pública não esteja cada vez mais presente, produzindo conhecimento e formando quadros.

Infelizmente, como ficou demonstrado na última greve, o Ministério da Educação não tem sabido lidar com a sua complexidade e importância. Declarações e atitudes preconceituosas, até truculentas — como o corte indiscriminado de salários de docentes e funcionários —, acirraram um conflito que poderia ter sido contornado com mais diplomacia e capacidade de negociação.

Por outro lado, registre-se o radicalismo de setores do movimento docente, que encaram a universidade como campo propício para o confronto político, apostando freqüentemente no impasse. Assim, dois atores, ideologicamente antagônicos, contribuem para agravamento da crise universitária.

É preciso superar esse estado de coisas para não cairmos num círculo vicioso de greves intermináveis e retaliações irresponsáveis. A busca de soluções a longo prazo passa, fundamentalmente, pela atuação dos professores comprometidos com a docência e a pesquisa. É necessária também a participação de funcionários e alunos que encarem a universidade como patrimônio nacional que pode e deve ser aperfeiçoado, e não como *locus* privilegiado do conflito político.

As sociedades científicas como a SBPC, a Academia Brasileira de Ciências, assim como setores interessados e responsáveis da sociedade civil, devem desempenhar papel fundamental neste processo de discussão e aperfeiçoamento. Mas, sobretudo, urge que o Ministério da Educação assuma uma postura mais construtiva, e o governo, como um todo, veja a universidade pública como parte importante de um projeto nacional. Não só o ensino de graduação, mas a pós-graduação e a pesquisa, constituem atividades fundamentais das instituições públicas, o que as distingue da maioria das particulares.

É necessário estabelecer políticas governamentais de longo prazo, com um mínimo de consistência e coerência, e não cair na armadilha do imediatismo e da precipitação. É preciso deter o desgaste e a desmoralização da universidade, que inevitavelmente revertem contra o Estado e a nação brasileiros.

O Globo, 18/12/01

Anexo

Entrevista com Gilberto Velho

(Entrevista concedida em 3 de julho de 2001 a Celso Castro, Lucia Lippi Oliveira e Marieta de Moraes Ferreira.)

De onde veio seu interesse em ciências sociais?

Sem dúvida teve a ver com meu pai, Octávio Alves Velho, um militar bastante atípico, embora existissem alguns militares na geração dele e em gerações anteriores que tinham uma ligação forte com a vida intelectual. Não é à toa que seus dois filhos foram estudar ciências sociais e, depois, por uma série de razões e particularidades, antropologia. O interesse começou, portanto, por influência da família, que valorizava muito os estudos — meu avô, pai de minha mãe, marechal Maurício José Cardoso, também sempre foi uma pessoa muito ligada a estudo, a livro.

Desde o tempo de Colégio Militar, meu pai participava de grêmios literários e tinha um grande interesse por ciências sociais. Gostaria de dar certo destaque ao fato de ele ter sido professor de português na Academia Militar de West Point, nos Estados Unidos, de 1948 a 1951 — moramos lá durante esse período. Meu pai tinha, portanto, uma dimensão acadêmica em sua carreira. Era um personagem muito complexo, pois ao mesmo tempo que era pára-quedista — um dos pioneiros do pára-quedismo no Brasil —, era ligado a atividades intelectuais e culturais, como a Biblioteca do Exército, onde foi várias vezes membro do conselho ou da diretoria. Foi também tradutor, traduziu mais de cem livros, incluindo quase toda a obra do Erich Fromm. Morreu há um ano e meio, e até hoje, quando vou à casa de minha mãe, a biblioteca dele me surpreende. Tivemos em casa desde cedo, desde pequenos, uma literatura antropo-histórica, com autores como Ralph Linton, Arnold Toynbee, e clássicos brasileiros como Gilberto Freyre, Arthur Ramos, a Brasiliana... Havia um clima favorável à vida intelectual e um interesse por ciências sociais. Meu pai também dava cursos, foi professor, no Exército, de uma série de disciplinas, entre elas psicologia militar. Era muito ligado à área de psicologia e psicanálise. Mencionei a tradução da obra do Fromm; ele também traduziu Melanie Klein, tinha uma forte vinculação com essa área.

Por que razão, na época do curso secundário, você foi estudar no Colégio de Aplicação da UFRJ?

Na minha família as pessoas iam para o Colégio Militar, fazia parte da tradição. Meu irmão, por exemplo, foi do Colégio Militar. Mas, no ano em que eu ia fazer exame, aconteceu um fato pelo qual até hoje agradeço muito ao general Lott, então ministro da Guerra: ele considerou que o Colégio Militar estava muito cheio, e naquele ano não houve exame de admissão. E aí veio meu pai com as relações dele e com as informações que tinha. Ainda como oficial da ativa, ele era professor do curso de Técnica de Ensino do Exército e lá tinha conhecido o professor Luiz Alves de Mattos, que era o diretor do Colégio de Aplicação, da antiga FNFi. O professor Mattos indicou o Aplicação, e assim fui para lá. Na época tinha-se que passar num exame puxado para poder entrar no colégio, não havia sorteio, como passou a haver depois.

Essa foi uma experiência muito rica, muito importante na minha vida, porque o Colégio de Aplicação daquele tempo, entre 1957 e 1964, quando estive lá, tinha um grupo de professores de história e de geografia notável: Manuel Maurício de Albuquerque, os irmãos Hugo e Artur Weiss, Lidnéia Gassman — que tinha sido inclusive assistente da professora Marina São Paulo de Vasconcelos, catedrática de antropologia na FNFi —, Clóvis Dottori, José Luiz Werneck da Silva e Maurício Silva Santos. Essa dupla foi particularmente importante, porque no curso clássico havia uma disciplina chamada estudos sociais, que na realidade era história, dada pelo Werneck, e geografia, dada pelo Maurício, e eles eram muito entrosados. Foi um dos cursos mais importantes que fiz na minha vida. Foram três anos, do primeiro ao terceiro clássico, com dois professores excelentes, lendo muito, fazendo pesquisa bibliográfica — mas pesquisa bibliográfica mesmo — e ampliando os horizontes: sociologia, alguma coisa de antropologia, história em geral.

Terminei o Colégio de Aplicação em 1964 e entrei para o curso de ciências sociais da Faculdade Nacional de Filosofia, em 1965. Como o Colégio de Aplicação pertencia à faculdade, nós a conhecíamos razoavelmente. Tivemos contato com licenciandos que faziam prática de ensino no colégio, e alguns eram ótimos, mas outros eram péssimos. Portanto, eu tinha idéia de que ia encontrar um ambiente heterogêneo e um tanto tumultuado. Além disso, em 64, vários dos melhores professores da Faculdade Nacional de Filosofia foram obrigados a se retirar, ou se retiraram por estratégia.

Sessenta e quatro foi o ano do golpe. Você vinha de uma família de militares, estudou no Colégio de Aplicação, que iria formar

vários quadros importantes de oposição ao regime militar, e decidiu estudar ciências sociais. Como atravessou essa encruzilhada biográfica?

São as complicações, os paradoxos e a complexidade da vida. De fato, no Colégio de Aplicação, houve certa época em que eu me considerava marxista. Meu pai tinha posições mais conservadoras em termos políticos, era ligado à UDN, mas intelectualmente era uma pessoa de grande abertura, como o demonstra seu interesse por um autor como Fromm, que era chave para ele. Mas havia uma situação de tensão, fora do grupo doméstico, em relação a pessoas da família de minha mãe. Ela tinha sete irmãos homens, sendo seis militares, quatro do Exército e dois da Aeronáutica. Havia diferentes tons ideológicos entre esses irmãos, mas pelo menos um era líder da direita mais vigorosa do Exército brasileiro.

Assim, em 64, tivemos uma divisão dentro de casa. Eu e meu irmão — que já estava cursando sociologia na PUC — numa posição, meu pai em outra; minha mãe, uma manejadora mais ou menos bem-humorada, variava um pouco. Era curioso. Eu e meu irmão passávamos em casa, encontrávamos nosso pai, e ele nos dizia: "Vocês vão perder. Estão numa situação ruim." Preocupava-se que pudesse acontecer alguma coisa conosco, aborrecido, mas, ao mesmo tempo, respeitando a diferença de posição. E, de fato, ele nos dava informações importantes, que nós, quando fomos para a UNE, no dia 30 de março, tentamos passar. Mais ou menos, meu pai nos disse: "O general Kruel já aderiu ao movimento. Não se iludam." Eu lembro que começamos a dizer isso para as pessoas, e elas não queriam acreditar. Era o momento, por exemplo, em que Nelson Werneck Sodré, um historiador muito respeitável, afirmava com convicção que os militares, na sua maioria, iam se aliar à burguesia nacional contra o imperialismo, contra o golpe. Terminada a situação crítica, quer dizer, instalado o governo militar, nós soubemos, através de um amigo comum, que meu pai comentava que estava do lado que tinha vencido, mas que na casa dele o ambiente era de tamanho luto, que ele ficava triste...

Logo depois do golpe, meu pai foi nomeado diretor da Agência Nacional. Esse foi um momento muito importante na transição, tanto nacional quanto familiar, porque ele reagiu contra a censura. Houve o famoso episódio do filme *Deus e o diabo na terra do sol*, do Glauber Rocha, que ele nos convidou para assistir na sessão especial na Agência Nacional em que se estaria decidindo o destino do filme. Meu irmão foi com a noiva, Maria Lúcia de Andrade Pinto, e foram comigo Dora Rocha e outra amiga nossa, Bluma Dauster, com o namorado, José Arthur Denot Medeiros, que hoje em dia é embaixador. Ficamos meio isolados no auditório, predominantemente ocupado por militares e pessoas da cúpula do regime recém-instalado. Terminado o filme, algumas pessoas se levantaram e disseram que ele tinha de ser queimado imediatamente, destruído. Meu pai ficou quieto e depois conversou conosco. Acho que foi a sessão de cinema mais emocionante que vi na minha vida. Adoramos o filme, ainda mais naquele clima, naquela situação difícil. Meu pai recusou-se a censurá-lo e procurou o ministro da Justiça, Milton Campos, a quem era subordinado, que lhe garantiu que *Deus e o diabo* não seria queimado nem destruído. Ainda assim, algumas semanas depois meu pai pediu demissão, porque estava achando intoleráveis as pressões para a censura e outras coisas que já estavam ocorrendo e que ele percebia. Aliás, Milton Campos disse que em pouco tempo o acompanharia.

Como foi sua vida na Faculdade Nacional de Filosofia?

Nós chegamos num momento muito ruim, muito difícil, em que a faculdade tinha perdido alguns dos seus melhores professores. Encontramos o curso de ciências sociais, particularmente, muito desorganizado, fragmentado. Efetivamente, no primeiro ano, tivemos um curso de antropologia que era bem organizado, dirigido pela professora Marina São Paulo de Vasconcelos. Ela era uma espécie de referência permanente pela sua seriedade, era uma pessoa honesta, íntegra, muito respeitada. Não era uma figura que tivesse grande liderança intelectual, mas era a catedrática e administrava a cátedra dela de uma maneira muito rigorosa. As aulas começavam às sete da manhã, e os professores davam aula sempre, não faltavam. Mas as disciplinas de antropologia, no primeiro ano, não eram muito fascinantes para mim. Tínhamos antropologia biológica, que na época era basicamente osteometria, e havia uma introdução à antropologia cultural. Não era a antropologia mais moderna da época. Era a herança do Arthur Ramos, muito na linha do Melville Herskovitz de *Man and His Works*, que tinha uma tradução já antiga e era um livro muito usado.

Em sociologia, a situação era bem pior. Costa Pinto já estava afastado, ou estava se afastando. Não chegou a dar aula para nós. Nossa professora foi uma senhora chamada Wanda Torok, que era ligada a organizações de mulheres de direita e se considerava com a missão de combater o comunismo. Achava que a tarefa dela era identificar pessoas que eram ou podiam se tornar comunistas. Diziam — não sei se isso fazia parte do folclore da época — que era casada com um conde polonês que dava aula de ginástica no Copacabana Palace... O que há de concreto é que o contato com ela foi muito duro, muito difícil. Para terem uma idéia de como era o clima, ela instituiu uma coisa que parecia ser uma idéia interessante, um seminário sobre relações entre filosofia e ciências sociais, mas em que não se falava em marxismo. Evidentemente, havia uma censura clara sendo imposta ali. Resolvi, jovem, levantar-me um dia e dizer que achava que não se podia discutir a relação entre filosofia e ciências sociais sem discutir marxismo, e fiquei muito marcado por essa intervenção, que veio reforçar uma imagem que eu já tinha. É que na formatura do Colégio de Aplicação, no final de 64, em cerimônia no salão nobre da Faculdade de Filosofia presidida pelo diretor da faculdade, Faria Góes Sobrinho, fui orador da turma e fiz um discurso contra o golpe, a favor do pensamento crítico, aquelas coisas. Fui muito aplaudido, e os alunos da Faculdade de Filosofia que também assistiam fizeram uma grande festa. Quando o Faria Góes me viu entrando na faculdade alguns meses depois, resolveu achar que eu era um perigoso agente subversivo. E, com o episódio da Wanda Torok, evidentemente isso se reforçou.

Mas o que aconteceu? Essa senhora era tão intolerante, tão parcial, que conseguiu fazer com que a turma entrasse em greve na aula de sociologia. Evidentemente havia estímulos das organizações estudantis. Na liderança do movimento estiveram, entre outros, eu, Yvonne Maggie, Marcos Medeiros, Eurico de Lima Figueiredo, Ronaldo Conde Aguiar e Jether Ramalho — cuja participação foi muito importante, porque era uma pessoa mais velha, senhor de terno e gravata, distintíssimo, que também teve uma discussão direta com a Wanda. Dona Marina Vasconcelos, que não queria que fôssemos prejudicados, procurou de alguma maneira nos apoiar, nos proteger, e afinal veio nos dar aula, para impedir que perdêssemos o ano, o professor Evaristo de Moraes Filho. Evaristo era catedrático de direito do trabalho na Faculdade de Direito, mas era livre-docente de sociologia na Filosofia. Na realidade, quem respondia pela cadeira, na época, era Hildebrando Leal, um homem bom, que também não queria que os alunos fossem prejudicados e achou ótima a solução de o Evaristo nos dar sociologia I e sociologia II. Evaristo assumindo, a sociologia melhorou dramaticamente. Ele é uma pessoa de enorme cultura e gostava de um autor por quem na época eu já me interessava: Georg Simmel. Evaristo é o responsável pela publicação da primeira e única coletânea do Simmel no Brasil. Na época, a coletânea ainda não estava publicada, mas ele falava no Simmel, e eu, pelo pouco que conhecia até então, já me interessava.

Havia ainda umas figuras estranhas na Faculdade de Filosofia. Fico até constrangido de falar mal das pessoas, mas é inevitável situar. Havia a cadeira de geografia, que era dada por uma senhora, dona Lucy Freire, que tinha sido assistente do Josué de Castro, e de quem se dizia que tinha contribuído muito para o afastamento do Josué. Era uma senhora um pouco limitada e também obsessiva em relação ao que se chamava na época de anticomunismo. Para mim, que tinha tido como professores de geografia pessoas esplêndidas, como Maurício Silva Santos, o contraste era chocante. Aliás, o contraste entre todo aquele primeiro ano do curso de ciências sociais com o curso que eu tinha feito no Colégio de Aplicação era melancólico. Por mais que eu estivesse prevenido, era chocante. Eu agora estava na faculdade, e numa situação pior. Além dos professores de história e geografia, tínhamos no Colégio de Aplicação um grupo de professores de línguas e literatura formidável. Tínhamos, realmente, uma ótima qualidade de ensino, e nesse ponto a entrada para a Faculdade de Filosofia significou uma queda muito grande.

Mas ocorreu uma outra coisa boa ainda no primeiro ano. Foi a cadeira de ciência política, que era dada pela professora

Maria Stela Farias de Amorim, que tinha uma formação muito interessante, tinha feito um curso de antropologia com Roberto Cardoso de Oliveira no Museu Nacional, antes da criação do mestrado. Era um curso de especialização no qual, inclusive, ela tinha feito pesquisa com grupos indígenas, com os Maxacali de Minas Gerais. Além de nos dar aula, ela trabalhava no Instituto de Ciências Sociais, que era uma outra unidade da universidade. O curso da Stela foi um curso bem melhor, porque fazia sentido, ela dava cientistas políticos, dava um pouco de história também, tinha algo a ver com a minha experiência anterior. Era uma pessoa muito dedicada, muito idealista, me interessei e estudamos bastante. E, quando terminou o primeiro ano, ela me convidou para trabalhar no Instituto de Ciências Sociais como auxiliar de pesquisa no projeto coordenado pelo Maurício Vinhas de Queirós, "Estrutura e função dos grupos econômicos no Brasil".

A experiência do instituto foi muito importante. Evaristo era o diretor, eu trabalhava com o Maurício e a Stela, mas tinha contatos com Luciano Martins e outros, como Pessoa de Queirós, Rosélia Perissé, enfim, um grupo bastante interessante. Convivia também com colegas como Alzira Abreu e Maria Luísa Proença. Era um lugar muito agradável, bonito, com uma biblioteca boa, e havia um ambiente — que me influenciou bastante — eminentemente interdisciplinar. A formação básica das pessoas era em sociologia. A própria pesquisa do Maurício era um estudo sobre grupos econômicos — preocupava-se o tempo todo com sociologia e com ciência política. Maurício Vinhas de Queirós é um personagem notável, porque, ao lado de coordenar essas pesquisas na área de economia política, sociologia, estava lançando, enquanto eu trabalhava com ele, o livro *Messianismo e conflito social*, que é uma obra-prima. É um trabalho sobre messianismo no Contestado que utiliza autores de antropologia e de história, uma etnografia histórica exemplar, um livro que adorei. Eu, realmente, privei com o Maurício, pois trabalhávamos na mesma sala. Ajudei-o especificamente numa tarefa, que foi a pesquisa que ele estava fazendo sobre 1850 como ano-chave para a modernização do país — ele escreveu um artigo importante na época sobre isso. Não produziu muito, era uma pessoa que tinha uns problemas pessoais complicados, mas era um grande intelectual. Tinha sido jornalista e conservava a preocupação de escrever bem, com clareza. Isso era um valor fundamental que ele estimulava, citando os seus professores franceses: *la clarté*. Houve um período em que me afastei do instituto, mas depois voltei e trabalhei na pesquisa do Luciano Martins. Mas aí já estava me encaminhando para a antropologia.

Dentro desse leque, pelo que você está dizendo, havia história, sociologia, política, vários caminhos. Por que antropologia?

É uma coisa pouco modesta de dizer, mas quando terminei o curso de ciências sociais, fui convidado a dar aula de antropologia, de sociologia e de ciência política pelas pessoas que eram responsáveis por essas cadeiras no já então IFCS, porque naquela época a Faculdade de Filosofia se dissolveu, e os cursos de história, ciências sociais e filosofia foram integrados ao Instituto de Filosofia e Ciências Sociais, primeiro na rua Marquês de Olinda e mais tarde no largo de São Francisco. Receber os convites da dona Marina, do Evaristo e da Stela foi muito gratificante para o ego, mas por outro lado não era simples a escolha. Escolhi antropologia porque, depois daquele primeiro ano, fui fazendo disciplinas mais interessantes. Tive uma professora, Hortênsia Caminha, que também tinha sido aluna do Roberto Cardoso no curso de especialização do Museu Nacional, que era uma pessoa com muito boa formação teórica e deu cursos muito estimulantes sobre antropologia social britânica e sobre o estrutural-funcionalismo. Dona Marina passou a estar mais presente e estimulou muito a relação com os sociólogos e historiadores especialistas em Brasil. A antropologia era dada muito nesse sentido. Era, efetivamente, a cadeira que funcionava, que tinha uma organização, uma certa previsibilidade. Evaristo era uma pessoa brilhante, mas tinha tantas coisas a fazer que o projeto principal dele não estava ali. Mesmo a Stela dependia do responsável pela cadeira, que era o professor Romeu Rodrigues e Silva, ex-assistente do Djacir Meneses.

Quem tinha, realmente, mais meios, digamos assim, de controle, era a Marina. Yvonne também foi convidada para dar aula de antropologia — então já éramos um jovem casal, nos casamos em 1968, quando estávamos no quarto ano e éramos auxiliares de pesquisa —, e começamos a dar aula em 69, junto com Jether Pereira Ramalho, que foi para sociologia, e Eurico de Lima Figueiredo, hoje professor da Fluminense, que foi para a ciência política. Na realidade, no curso básico de 1969, Jether, Eurico e eu dávamos sociologia, ciência política e antropologia de modo integrado: decidimos dar um autor comum a todos, C. Wright Mills, de *A imaginação sociológica*. Eram turmas de quarenta ou cinqüenta alunos, até mais, e funcionou bem.

Foi assim o início da docência, a ligação com a antropologia, que já vinha vindo. Por outro lado, estava acabando de ser constituído o Programa de Pós-Graduação em Antropologia Social no Museu Nacional, coordenado pelo Roberto Cardoso de Oliveira. E aí entra também meu irmão, Otávio-Guilherme Velho. Ele já era formado há mais tempo e passara a ter contato com o Roberto, que por sua vez pertencia ao conselho diretor do Instituto de Ciências Sociais. Eu também passei a ter mais contato com o Roberto e percebi que sem dúvida ele era um intelectual fascinante, uma pessoa que trazia um peso acadêmico, uma respeitabilidade muito forte. Isso foi mais um reforço — para mim isso é claro — no meu interesse em fazer pós-graduação em antropologia social. Não pensei em ir para o exterior imediatamente, porque eu queria ficar no Brasil mais algum tempo pelo menos. Mas sabia que em algum momento iria para fora. E foi exatamente o que ocorreu. Entrei para o Museu em agosto de 1969 e defendi minha dissertação de mestrado em dezembro de 1970. Fiz tudo em um ano e meio, até hoje seria um recorde.

Sua tese de mestrado, "A utopia urbana", foi a terceira a ser defendida no Museu. Como funcionava o PPGAS nesse início? Quem eram os professores?

Funcionava muito bem. No primeiro semestre, fiz "Dimensões do conhecimento etnológico" com o professor Luís de Castro Faria, um curso que só ele pode dar até hoje, pela sua vastidão erudita. Integrava antropologia, arqueologia, antropologia cultural, antropologia social, e realmente era uma excelente introdução ao mestrado. Fiz — aí já começamos a entrar em outro território — o curso de "Antropologia urbana" com Anthony Leeds, professor da Universidade do Texas; um curso sobre "Antropologia das sociedades complexas" com Richard Adams, também do Texas; um curso com Roberto Cardoso sobre "Sociedades camponesas"; outro com Jorge Graciarena, sociólogo argentino que estava no Centro Latino-Americano de Ciências Sociais, sobre "Sociologia e desenvolvimento"; outro com Neuma Aguiar sobre "Estrutura de classes e estratificação social", e outro com o Shelton Davis, que foi meu orientador. Francisca Keller, já falecida, também foi minha professora num curso importantíssimo, sobre "Minorias nacionais". Aliás, foi uma pessoa muito minha amiga, a quem dedico muito afeto.

Os professores estrangeiros vinham como visitantes?
Vinham pela Fundação Ford, com exceção do Graciarena, que como disse era pesquisador do Centro Latino-Americano, com o qual o Museu tinha convênio. Quer dizer, o que mantinha o programa era a Fundação Ford, porque só Roberto Cardoso e Castro Faria eram do corpo docente da Universidade Federal do Rio de Janeiro. Roberto DaMatta estava nos Estados Unidos na época, fazendo o PhD dele, e Roque Laraia e Júlio César Melatti já tinham ido para Brasília. Portanto, quase todos eram mantidos pela Fundação Ford, com contratos de prestação de serviços. Havia ainda outro professor anglo-americano, David Maybury-Lewis. Vocês sabem que o programa foi criado ligado ao projeto Museu Nacional-Harvard, e o David foi um dos fundadores do projeto. Mas era professor de etnologia, e não fiz cursos com ele.

Na época, e durante muitos anos ainda, antropólogo era quem mexia com índio ou, no máximo, com camponês. Como se formou o campo da antropologia urbana? Como era vista uma tese como a sua, que pesquisava Copacabana?
Vamos por partes. O Programa de Pós-Graduação no Museu surgiu a partir de pesquisas na área de grupos indígenas, com o projeto Harvard-Brasil Central, ligado aos estudos dos grupos Gê. Depois houve um desdobramento, que foi o estudo de frentes de expansão. O próprio David tinha a intenção de estudar as elites do Nordeste, mas só anos mais tarde ele chegou a desenvolver alguma coisa nessa área, ainda assim muito marginalmente.

Eu já entrei para o Museu tendo a idéia de que queria trabalhar com camadas médias urbanas. No Instituto de Ciências Sociais, eu tinha participado de pesquisas como a da Stela, sobre burocracia, a do Maurício, sobre grupos econômicos, e tinha achado muito estimulante trabalhar com esse universo. Mas meu interesse era anterior, e de certa forma tinha sido também alimentado pela experiência de 64. Isso parece um pouco aquelas histórias que você conta para criar mitos, mas o fato é que, no 31 de março, quando puseram fogo na UNE, voltei para casa caminhando e, quando cheguei a Copacabana, vi que havia uma enorme festa. Fiquei realmente muito curioso e impressionado. Eu sabia que também havia gente trancada dentro de casa, lamentando, mas na rua havia aquela grande festa, e eu queria saber quem eram aquelas pessoas, por que elas pensavam daquele jeito, por que estavam fazendo aquela escolha. Fiquei interessado e achei que Copacabana era o lugar ideal para uma pesquisa, não só por causa da festa que vi, é claro, mas também porque eu tinha uma certa clareza de que eu detinha um determinado tipo de informação e de experiência em Copacabana que poderia ser útil.

Quanto mais eu lia antropologia, *Os argonautas do Pacífico Ocidental* ou *Os Nuer*, ou trabalhos sobre camponeses, havia um lado da etnografia que me encantava. Aquilo nunca havia sido feito para certos universos brasileiros, e eu achava que era uma coisa fundamental a desenvolver. Dava-se muita ênfase à antropologia dos grupos indígenas, do campesinato e de alguns setores da classe trabalhadora, mas os demais atores ou grupos eram deixados de lado. E eu tinha interesse, até por uma motivação política, em entender por que as pessoas das camadas médias urbanas tomavam as posições que tomavam. Quem eram aquelas pessoas? Como era a sua vida? Qual era a sua visão de mundo? Qual era a sua ideologia, ou quais eram as suas ideologias? Na realidade, eu me convenci de que estudar isso era uma tarefa fundamental. É claro que algumas pessoas no Museu podem ter olhado a minha escolha com certa desconfiança, certa perplexidade, mas não criaram dificuldades.

Havia outras pessoas fazendo esse mesmo tipo de escolha?
Quando comecei, não. Mas eu tinha uma certa convicção de que era um tema importante. Eu não tinha nenhuma postura messiânica, mas tinha um interesse muito forte e lia textos que o reforçavam. Estava lendo *Os argonautas do Pacífico Ocidental* e pensava em Copacabana e nos universos de camadas médias.

Aí entra um detalhe biográfico. Quando Yvonne Maggie e eu nos casamos em 1968, meu pai nos deu um conjugado que ele tinha na rua Bolívar, em Copacabana. Foi onde nós fomos morar. Essa experiência foi definitiva. Era a duas quadras do lugar onde eu tinha morado desde 1952, e era muito diferente. Então, as pessoas estavam falando de sociedades tribais, de aldeias, e eu tinha diante de mim um fenômeno absolutamente fascinante, que eram percepções da realidade distintas, estilos de vida diferenciados, modos de ser contrastantes. Eu não podia perder aquilo. E o Leeds me ajudou muito, porque o curso de antropologia urbana que ele deu abriu um leque para as pessoas fazerem pesquisas sobre assuntos que tivessem a ver com habitação — o gancho era habitação. Luiz Antônio Machado da Silva foi trabalhar com favela, que era a linha do Leeds, e eu resolvi fazer um trabalho sobre o Barata Ribeiro 200, que era um prédio de conjugados notório na época. Quis fazer o trabalho de curso para o Leeds sobre o Barata Ribeiro 200 porque ainda estava preocupado em ter uma experiência fora do meu próprio prédio, um certo distanciamento, na medida do possível. Esse trabalho precipitou definitivamente a escolha do tema da minha dissertação de mestrado. Comecei a entrevistar, a ler, e tinha também algumas alunas no IFCS que coloquei como auxiliares de pesquisa para aplicar questionários em outros prédios que não aquele em que eu morava. Comecei a fazer trabalhos de curso aproveitando a pesquisa que estava fazendo. Acho que essa é uma das explicações da razão por que tudo foi tão rápido.

Anthony Leeds foi então fundamental, por ser um professor que dava legitimidade ao seu interesse.

Legitimou, com grande peso, e me colocou em contato com uma bibliografia relevante. Mas o meu orientador não foi o Leeds. Meu orientador foi o Shelton Davis, um jovem PhD de Harvard que estava no Brasil associado ao programa. Ele tinha feito pesquisa na Guatemala, trabalhava com antropologia do direito. Era uma pessoa muito interessante, morava em Copacabana e ficou absolutamente interessado no que eu estava fazendo. Achei que era ele que tinha de ser meu orientador. Falei com Roberto Cardoso de Oliveira, que concordou. Shelton Davis foi um interlocutor precioso.

A tese foi publicada em livro logo?

Logo, não. Defendi a dissertação em 1970, fui para os Estados Unidos, voltei em 1972, falei com o Jorge Zahar, e *A utopia urbana* foi publicada em 1973. Quando terminei o mestrado, a minha ida para os Estados Unidos já estava encaminhada, porque o Richard Adams — o outro professor da Universidade do Texas que estava no Museu e que também era uma pessoa importante na Fundação Ford — me convidou para estudar em Austin. Agora, estudar como? Havia um plano de criar o doutorado no Museu Nacional. Então, Yvonne e eu iríamos — Yvonne não defendeu mestrado na época, defendeu quando voltamos dos Estados Unidos — e, no meu caso, eu faria cursos que seriam incorporados ao meu doutorado no Museu. Era uma antecipação da bolsa-sanduíche.

Você não pensou na possibilidade de ficar lá fazendo logo o doutorado?

Pensei, mas não gostei da idéia. Eu realmente gosto do Rio de Janeiro, gosto do Brasil, gosto de ficar aqui, e tinha um problema fundamental: eu era professor do IFCS. A época era dificílima, para conseguir liberar meu passaporte foi extremamente complicado, porque eu era fichado no Dops — disseram que eu tinha denúncia de participar de atividades muito graves, como passeatas... —, e a própria universidade não me deu autorização para sair. Eduardo Prado Mendonça, que era professor de filosofia e tinha assumido a direção do IFCS, quando viu que o nosso pedido podia ser negado, engavetou-o e nos mandou ir assim mesmo. Nós fomos e continuamos recebendo normalmente, ficamos aquele ano numa espécie de limbo. Fomos protegidos pelo Eduardo Mendonça, e ficar mais era desafiar, era colocar o Eduardo numa situação difícil. E nós, ambos, queríamos continuar como professores da universidade. Havia ainda o doutorado no Museu Nacional. A experiência no Texas foi muito boa, mas eu tinha a convicção de que seria melhor, em termos de produção intelectual, fazer o doutorado aqui — como aliás, em geral, acho até hoje que deve ser feito.

Acontece que o doutorado no Museu Nacional acabou não saindo naquele momento, porque o Roberto Cardoso de Oliveira saiu do Museu. Houve uma série de problemas, ele foi prejudicado por questões de política interna, resolveu sair e foi para a UnB. O próprio Roberto, então, me encaminhou para a antropologia na USP, onde tive duas opções: Eunice Durham e Ruth Cardoso. Fiquei com Ruth, que foi uma interlocutora preciosa. No início, eu estava meio em dúvida quanto a estudar família e parentesco em camadas médias, mas achei que haveria um gancho melhor e mais interessante se eu utilizasse a questão das drogas, dos tóxicos. Ruth gostou, me deu toda a força, e aí fiz o doutorado na USP, que consistiu basicamente em um curso, porque os meus oito cursos no mestrado do Museu, mais os seis cursos nos Estados Unidos eram mais do que suficientes para conseguir todos os créditos. Defendi a tese em 1975.

Mas, antes de falar da tese, eu preciso falar do Texas, porque uma coisa só pode ser entendida em função da outra. Todos os seis cursos que fiz no departamento de antropologia da Universidade do Texas foram interessantes, mas houve um que foi absolutamente importante: "Etnografia dos hospitais psiquiátricos e prisões", dado pelo professor Ira Buchler, que era um sujeito semialternativo, uma pessoa excelente. Devo agradecer também ao Richard Adams, uma figura mais conservadora, por me ter indicado esse curso, porque — ele teve toda a razão — eu dificilmente faria algo parecido no Brasil. No curso do Ira Buchler, nós líamos muito Goffman e Becker. Do Goffman, eu já conhecia alguma coisa, já tinha tido contato com alguns textos, embora pouco. Mas foi aí que fui apresentado ao Howard S. Becker. É bom esclarecer que existem dois Becker, ambos, aliás, ligados à Escola de Chicago: Howard Becker, mais velho, de uma geração anterior, um autor também importante; e Howard S. Becker, hoje mais famoso, uns 15 ou vinte anos mais moço. Falava-se muito, nesse curso, sobre instituição total e desvio, e um dos livros básicos era o *Outsiders*, do Howard S. Becker, que adorei, porque já na *Utopia urbana* eu estava lidando com essa problemática. Na verdade, usei o material de Copacabana para o curso do Ira Buchler.

Além disso, fiz também no Texas um curso com o Richard Adams, outro com o Leeds — os dois estavam lá —, e fiz um curso muito interessante, também marcante, de etnomusicologia, com a Marcia Hendon. Fiz um curso sobre parentesco com o Henry Selby, que era um dos maiores especialistas na área, e outro sobre antropologia e arqueologia, com Richard Schaedel.

Quando você veio fazer o doutorado na USP, já estava portanto com as coisas muito bem mapeadas.

Já, muito bem encaminhadas. Após o primeiro semestre que passamos no Texas, no verão Yvonne e eu fomos para Cambridge, onde ficamos ligados a Harvard, ao David Maybury-Lewis e ao Roberto Cardoso, que estava lá na época. Fomos estudar os portugueses da Nova Inglaterra. Eu, particularmente, fiquei com os açorianos, que eram predominantes, e Yvonne com os cabo-verdianos. Foi uma experiência de campo muito interessante, porque era a primeira pesquisa, embora modesta, que eu fazia em outro contexto metropolitano — a área de Boston —, em outra sociedade, em outra cultura. Isso foi importantíssimo para mim. Há um capítulo do livro *Projeto e metamorfose* em que falo sobre essa pesquisa com os açorianos, inclusive sobre a questão das drogas. Essa foi uma questão que me impressionou muito: via famílias tradicionais açorianas, conservadoras, com senhoras vestidas de preto e senhores trabalhando 14, 16 horas por dia, e com os filhos, às vezes até sem falar inglês muito bem ainda, andando pela Harvard Square, indo para as escolas americanas e usando drogas, alguns deles. Fiquei fascinado em ver aquelas pessoas que faziam vida de família, freqüentavam igrejas, procissões, dentro de um quadro muito tradicional, quase rural, e ao mesmo tempo tinham essa interação com a sociedade americana que passava pela contracultura, pelo *street people*, pela maconha, pelo ácido. Conto nesse texto que havia uma menina açoriana que tinha tomado uma dose de ácido um pouco mais forte do que ela supunha, e ficou uns dois dias viajando sem que a família percebesse. As pessoas que usavam ácido percebiam, mas a família não: "Você está um pouco esquisita, Catarina..."

Isso foi mais um reforço a uma certa preocupação de perceber que, numa mesma sociedade, você tem, juntos, grupos com experiências muito divergentes, contrastantes; de perceber, sobretudo, que as pessoas carregam dentro de si próprias experiências e visões de mundo diferentes, contraditórias, não são monolíticas como personalidade social, desempenham múltiplos papéis. Isso foi importante para que, ao voltar para o Brasil, eu tomasse a decisão de fazer minha tese de doutorado sobre o uso de drogas, o que era uma coisa ousada, meio clandestina, dava margem a todo tipo de problema. Era tudo muito complicado. Mas eu tinha certa convicção de que era um tema importante e de que eu tinha a oportunidade de lidar com ele porque conhecia parte do mundo que lidava com as drogas no Rio de Janeiro.

Esse caráter clandestino da pesquisa é que explica os 23 anos que você levou para publicar *Nobres e anjos*? Ou houve outros fatores?

Acho que houve várias razões. Primeiro, a preocupação de proteger realmente as pessoas de quem eu estava falando. O que incluía, é claro, a preocupação de proteger a mim mesmo. Mudei os nomes das pessoas, mas se, naquela época de repressão, alguém quisesse se dedicar a identificá-las, não seria tão difícil, porque era uma rede situada numa fronteira de classe média intelectualizada e artística com elite. Havia ainda um problema interessante, que era um certo pudor de estar falando de pessoas que em muitos casos eram minhas amigas. Eu até poderia ter publicado a tese algum tempo antes, mas acho que foi o tempo certo, porque muitos dos meus informantes se haviam tornado pessoas estabelecidas e sólidas — alguns deles já são avós —, e a reação foi boa. Não sei se teria sido tão boa se tivesse publicado antes. As pessoas gostaram quando leram. Pelo menos ninguém me disse que não gostou. Houve até um fato interessante: uma pessoa chegou para mim e reclamou por não ter sido identificada, pois gostaria de ter sido. Enfim, foram 23 anos. Poderiam ter sido talvez 19, 20 ou 21, mas certamente era preciso um longo período em relação ao mundo objetivo, externo, e a uma elaboração minha sobre como lidar com aquilo. Eu tinha uma preocupação muito grande de não ferir qualquer suscetibilidade das pessoas, algumas, como disse, amigas e próximas. Durante algum tempo eu me "esqueci" do assunto.

Mas, na época, você ficou satisfeito com o trabalho?

Fiquei. Tive uma banca muito boa, que teve um diálogo estimulante comigo. Minha defesa foi assistida por um público razoável na época, e foi considerada um acontecimento interessante. A banca era formada pela Ruth, como orientadora, Eunice Durham, Juarez Brandão López, Peter Fry e um americano que na época era professor de Campinas, Mário Bick. Foi ótimo. E publiquei artigos a partir da tese nesses 23 anos; além disso, várias idéias reaparecem, por exemplo, em *Individualismo e cultura*, *Subjetividade e sociedade* e *Projeto e metamorfose*. Portanto, não foi um vazio. Agora, a tese em si, só em 1998.

Quando você defendeu sua tese de doutorado, em 1975, já era diretor da coleção Antropologia Social, da Zahar, uma das editoras mais importantes — se não a mais importante — da área de

ciências sociais no Brasil. Ainda bem novo, antes mesmo da tese de mestrado, você já estava organizando a série Sociologia da Arte. Como foi isso? O Zahar o chamou e lhe deu uma coleção?
Isso, mais uma vez, teve a ver com relações pessoais e familiares. O primeiro livro publicado pelo Jorge Zahar foi uma tradução do meu pai, o *Manual de sociologia* de Rumney e Mayer. O Jorge era muito próximo e tinha essa coisa absolutamente notável, de uma grande generosidade e sensibilidade em relação às pessoas jovens. Foi criada uma coleção feita por estudantes, os Textos Básicos de Ciências Sociais, cujos diretores eram meu irmão, Moacir Palmeira e Antônio Roberto Bertelli, um senhor mineiro de quem não tenho notícias há muito tempo. A pessoa que primeiro sugeriu que eu organizasse um volume sobre sociologia da arte foi Moacir Palmeira, que me conhecia e sabia que eu tinha um forte interesse pelo assunto desde o Colégio de Aplicação.

Mas aí aconteceu o seguinte: o volume que organizei, com textos do Fischer, do Duvignaud, do Arnold Hauser, do Georg Lukács, do Lucien Goldman e do Alain Robbe-Grillet, foi um enorme sucesso. Acho que foi, se não o de maior, um dos de maior sucesso da coleção na época, junto com *O fenômeno urbano* e *Estrutura de classe e estratificação social*. O Jorge ficou impressionadíssimo e aí, já por iniciativa própria, pediu que eu fizesse outros volumes. Fiz quatro volumes, as coletâneas *Sociologia da arte I, II, III e IV*. Eu era estudante quando começou essa história, estava no terceiro ano da faculdade, e durante todo o mestrado fiquei dirigindo a parte de sociologia da arte da coleção Textos Básicos em Ciências Sociais. Quando voltei dos Estados Unidos, publiquei *A utopia urbana*, que também foi um livro que teve alguma repercussão, e pouco depois o Jorge me convidou para dirigir a coleção Antropologia Social. Continuei dirigindo a coleção até hoje, primeiro com a antiga Zahar, depois com a Jorge Zahar. Publiquei clássicos e livros brasileiros, teses e dissertações produzidas no Brasil, sobretudo no Museu Nacional: *A interpretação das culturas*, do Clifford Geertz, *Oráculos, bruxaria e magia entre os Azande*, de Evans Pritchard, *Cultura e razão prática*, do Marshall Sahlins, *Elementos de organização social*, do Raymond Firth, livros fundamentais que não existiam no Brasil, mas também autores brasileiros, como *Guerra de orixá*, da Yvonne, depois o *Araweté*, do Eduardo Viveiros de Castro, *Da vida nervosa*, do Luiz Fernando Duarte, *Autoridade e afeto*, de Myriam Lins de Barros, *Garotas de programa*, de Maria Dulce Gaspar, entre outros. Do Goffman, publiquei o *Estigma*, depois uma coletânea do Becker, *Teoria da ação coletiva*, e um livro que vendeu muito, o *História social da criança e da família*, do Philippe Ariès.

A menção a Philippe Ariès, que é historiador, nos remete a outra coisa que já foi mencionada aqui, que é seu antigo interesse pela história, desde os tempos do Colégio de Aplicação. Que lugar passou a ter a história em sua vida, dedicada à antropologia?
O interesse pela história nunca desapareceu. Sempre foi uma constante, um de meus grandes amores, assim como, de certa forma, a filosofia. Embora eu não tenha trabalhado especificamente fazendo pesquisa histórica, sempre a estimulei. Isso também tem a ver com o fato de eu trabalhar com antropologia das sociedades complexas e de acreditar e dizer — há textos meus em que digo isso — que é fundamental o conhecimento da história. Existem alguns artigos meus — por exemplo, "Projeto, emoção e orientação em sociedades complexas" — em que falo alguma coisa da história do Ocidente. Quando vou discutir hierarquia e individualismos, vou à história também.

Portanto, a história sempre esteve presente, mesmo que discretamente. Sempre achei que era impossível, que não era bom fazer antropologia das sociedades complexas fugindo, descuidando da história. Não quer dizer que você tenha de utilizar a história sempre, mas ela tem de estar ali perto e, em determinados momentos, entrar em cena. Como contei, trabalhei uma certa época com Maurício Vinhas de Queirós, que era um pesquisador que usava história. Como professor e orientador, procurei estimular pessoas que trabalhavam com temas dentro da antropologia das sociedades complexas a buscar subsídios e a dialogar com a história. Tanto que algumas dessas pessoas às vezes são classificadas como historiadores, como é o caso do nosso entrevistador aqui, Celso Castro. Alguns formalmente foram para a história, como a Fernanda Bicalho, hoje em dia professora de história da Fluminense. Há outro movimento também. Adriana Facina, que é professora de história moderna e contemporânea da Fluminense, está fazendo doutorado em antropologia comigo. Esse diálogo sempre foi muito grande. O desenvolvimento da história das mentalidades faz com que isso seja reforçado, que haja uma aproximação maior dos antropólogos com pessoas da área de história, como, por exemplo, Laura de Mello e Souza, de cujo trabalho gosto muito, Luiz Felipe de Alencastro, meu amigo desde o século XIV, digo, desde 64, além de vocês, evidentemente, do CPDOC, que é uma instituição com que tenho relações há muitos anos. A Casa de Rui Barbosa, também. E há uma outra área relacionada com história da cultura, história das mentalidades, que é a área do folclore. Minha ligação com o Instituto Nacional do Folclore é importante nesse diálogo entre antropologia, história, estudos de cultura popular, níveis de cultura.

Como começou esse diálogo entre antropologia e folclore?
De novo, isso passa por relações pessoais. Uma pessoa-chave nesse processo foi Lélia Coelho Frota, que é uma intelectual quase que renascentista, isto é, poeta, escritora e pesquisadora, e que tinha um forte interesse em antropologia e procurou um diálogo comigo antes e logo depois que assumiu a direção do Instituto Nacional do Folclore. Através dessa iniciativa da Lélia, vários ex-alunos meus foram trabalhar no Folclore. Chegaram a formar uma equipe formidável, com Ana Heye, Luís Rodolfo da Paixão Vilhena, Myriam Lins de Barros, Elizabeth Travassos e outros ainda, que não eram meus orientandos, mas tinham sido meus alunos, como Lígia Segala, Maria Laura Viveiros Cavalcanti, Marina de Mello e Souza, Ricardo Gomes Lima. Formou-se um grupo ali, um encontro interdisciplinar. Depois eles perderam um pouco a força, não puderam manter essa equipe por razões que têm a ver com o governo Collor. Mas era um grupo que trabalhava com história, antropologia e folclore. Acho que essa é a boa ciência social, em que você utiliza várias tradições, várias linhas de pesquisa, e procura integrá-las. Não se trata de misturar coisas que não podem ser misturadas, mas de procurar a integração diante de temas que exigem o concurso de várias tradições, de várias linhas de reflexão. Na realidade, a bibliografia antropológica e a experiência do trabalho de campo são instrumentos que podem ser usados por pessoas de diferentes áreas, não é um monopólio, não é uma exclusividade da antropologia.

Você voltou dos Estados Unidos como professor do IFCS, mas depois se fixou no Museu Nacional. Como foi essa passagem?
Eu era professor do Departamento de Ciências Sociais do IFCS desde março de 1969. Quando voltei dos Estados Unidos, em

1972, continuei no IFCS, mas além disso fui convidado a dar aula no Museu Nacional. Durante algum tempo, fiquei nas duas instituições. Era professor da UFRJ, no IFCS e no PPGAS, mas a minha "lotação" era no IFCS. Em 1973, o então diretor do Museu Nacional, professor Dalci de Oliveira Albuquerque, com o apoio do Roberto DaMatta, que dirigia o PPGAS, insistiu que era caso de eu me transferir para o Museu de armas e bagagens. O ambiente no IFCS era muito ruim na época, muito difícil politicamente, com a presença de polícia, truculências etc. — fui chamado a depor numa comissão de inquérito por causa de uma invasão e uma briga que houve lá dentro. À medida que dava aula no PPGAS, eu ia me identificando mais e mais com o Museu, e menos com o IFCS. Eu tinha no IFCS colegas magníficos, professores ótimos, mas o clima era ruim. Afinal o Dalci conseguiu, com dificuldade, que eu fosse transferido para o Museu. Ainda dei aula no IFCS durante algum tempo, e em 1974 saí.

Passei então a ser professor só de pós-graduação e a fazer pesquisa. O Museu era quase um paraíso. Foi até ironicamente chamado de "Jardim dos Finzi Contini". Era um lugar tranqüilo, relativamente protegido, onde você podia estudar com uma certa paz. Foi um período de estimulantes conversas, sobretudo com o Matta, certamente um inovador na antropologia produzida no Brasil. Foi um privilégio que tive. O primeiro curso que dei foi sobre "Antropologia urbana", e o segundo, sobre "Indivíduo e sociedade", trabalhando com o tema do desvio. Tive um grupo ótimo de alunos, que fizeram trabalhos de curso excelentes. Organizei, então, uma coletânea chamada *Desvio e divergência*, que foi publicada pela Zahar em 1974 e hoje está em sétima ou oitava edição.

Até aquele momento você ainda não tinha tido contato pessoal com o Becker e com o Goffman?

Não, só bibliográfico. O contato pessoal se deu exatamente a partir de *Desvio e divergência*. É uma dessas histórias interessantes: um dia estou num desses coquetéis de que a gente nem sempre gosta, na Fundação Ford, e estava lá um dirigente da fundação que veio falar comigo. Chamava-se Richard Krasno, disse que havia lido *Desvio e divergência* e tinha gostado muito. Era amigo do Becker e estava mandando o livro para ele. Achei ótimo, mas pensei: o Becker certamente não lê português. Vai receber o livro e: *so what*? Mas aí é que está. O Becker lia espanhol, leu o livro, me mandou uma carta e aí começou a nossa correspondência, em 74. Ele pediu mais coisas, mandei mais textos, ele também me mandou trabalhos e me convidou para ser *visiting scholar* no Departamento de Sociologia da Northwestern University, em Evanston, subúrbio de Chicago.

Defendi a tese de doutorado em dezembro de 75 e embarquei em janeiro de 1976. Fiquei janeiro e fevereiro na Northwestern, em pleno inverno de Chicago. Foi ótimo em termos de oportunidades, de acesso à Escola de Chicago, acesso pessoal, direto, aos personagens, às bibliotecas — na época não havia Internet, hoje em dia as coisas estão um pouco mais fáceis — e ao ambiente. Aí conheci melhor a obra do Becker, do Goffman e dos professores deles, Hughes, Blumer e os antecessores. De alguns eu conhecia alguma coisa, como George Herbert Mead, William Thomas, o Park, evidentemente. Foi uma oportunidade de recomeçar o estudo da Escola de Chicago nas melhores condições possíveis. E cada vez mais convencido da importância da obra de Georg Simmel, que era, evidentemente, a referência teórica inicial que tinha marcado toda a Escola de Chicago, mesmo quando não explicitada.

Ou seja, você estreitou o contato com a tradição da Escola de Chicago pelo caminho do *Desvio e divergência*.

Sim. E aí a minha posição de antropólogo me permitiu fazer pontes entre os estudos de desvio ligados à tradição interacionista como, por exemplo, a teoria de acusações da antropologia social britânica, Evans-Pritchard e Mary Douglas, basicamente. Tentei fazer uma junção dessas tradições, e isso foi uma das coisas de que o Becker gostou mais. Ele diz que a teoria de acusações que desenvolvo junto com a questão do desvio é uma contribuição importante. Devo dizer, contudo, que não me considero uma pessoa da Escola de Chicago, de jeito nenhum. Acho que a Escola de Chicago é fundamental para mim, mas também são fundamentais a tradição da escola sociológica francesa, sobretudo Marcel Mauss, a antropologia social britânica e o marxismo. Não sou marxista, mas até estranho que os antigos marxistas se tenham livrado de tantas questões do marxismo. Acho que as questões da estrutura de classes e da estratificação social são absolutamente pertinentes. Têm de ser vistas com maior flexibilidade, é preciso estabelecer pontes com outros temas no nível de universos simbólicos, de sistemas culturais, mas são questões importantes como constituição de uma base. Há certas perguntas, certos encaminhamentos do marxismo que continuam absolutamente atuais. Não dá para jogar o marxismo fora, principalmente para quem lida com a temática que eu lido. Quando discuto *white collars* em Copacabana e, depois, quando vou discutir a aristocracia de estratos médios em *Nobres e anjos*, estou privilegiando a perspectiva weberiana, mas também estou o tempo todo ligado à problemática da estrutura de classes do Marx.

E a discussão indivíduo/individualismo, como aparece em seu trabalho?

A questão do indivíduo/individualismo tem como referência básica Simmel. Quando se fala em Escola de Chicago, para mim, o fundamental é a vertente interacionista, que vem de Simmel, e que afirma basicamente que a unidade da vida social é, não o indivíduo, mas a *relação* entre indivíduos. Ou seja, que o fundamental é a *interação*. Existe um livro do Becker que se chama *Doing Things Together*. É importante considerar os indivíduos, sim, mas não como mônadas, não como indivíduos soltos: como indivíduos que existem na *relação*. A sociedade é um sistema de relações entre indivíduos, que são organizados das mais diferentes maneiras.

Sou uma das pessoas que de algum modo encaminharam o debate em torno da obra de Simmel e da obra de Louis Dumont. O Matta foi fundamental em relação ao conhecimento e à discussão da obra do Dumont. O que fiz de mais específico foi estabelecer uma aproximação entre Dumont e Simmel para ver o que tinham em comum e quais eram as diferenças. Minha discussão específica se beneficia desse encontro entre Simmel e Dumont. E o interessante é que Dumont ignorava a obra do Simmel; acho que só no seu último livro ele a mencionou. Isso é cheio de ensinamentos para nós: a intelectualidade brasileira, a inteligência brasileira, em geral teve e tem a possibilidade de ter acesso a tradições diferentes e de se beneficiar delas.

Realmente, quando você vai para o exterior, vê que nós, brasileiros, acabamos tendo contato com muitos autores e tradições que às vezes se ignoram uns aos outros.

Exato. A França, por exemplo, está descobrindo a Escola de Chicago nos últimos vinte anos. Nós aqui estamos trabalhando com isso há muito mais tempo. Além da passagem de personagens da Escola de Chicago por São Paulo, aqui no Rio, no caso do Museu, estamos trabalhando sistematicamente com autores ligados a Chicago desde o início dos anos 70.

Tenho uma posição de valorizar no Simmel o fato de, nele, o individualismo aparecer no plural — *individualismos*. Ou seja, ele valoriza a existência de diferentes tipos de ideologias individualistas, coisa que o Dumont faz, mas em outro nível, quando vai distinguir o individualismo na Alemanha, na França, mas sempre opondo o individualismo a um holismo.

É curioso você achar que o marxismo também pode entrar nessa discussão, voltada para interação e individualismos...

O marxismo entra aí, para mim, sobretudo quando estou discutindo grupos de *status* no Weber e sua relação com classe social, quando estou discutindo a importância e o peso da variável classe social na construção de universos simbólicos e visões de mundo. Fui muito influenciado — voltando à sociologia da arte — pelo Lukács e pelo Lucien Goldman. Não sou lukacsiano, nunca fui, mas indiscutivelmente a análise deles, que leva em conta o peso da consciência e da experiência de classe, é importante. Existem várias outras coisas que são fundamentais, os indivíduos não têm só experiência de classe, têm outras vivências, outras visões que não podem ser contidas e englobadas pela classe, mas nem por isso a classe deixa de ser uma variável importante, especialmente nas sociedades capitalistas moderno-contemporâneas.

Eu, pessoalmente, tenho muito gosto em lidar com outras preocupações, com outros temas. Uma vertente que é fundamental no meu trabalho é um certo tipo de fenomenologia, não a fenomenologia como um todo, mas a do *Collected Papers* do

Alfred Schutz, que tem a ver com um antiqüíssimo interesse meu pelo existencialismo. Fui um leitor, desde o colégio — não li tudo, não tenho essa pretensão, mas li bastante — do Sartre. Li alguma coisa do Heidegger, que quero ler mais hoje em dia. Camus também, muito. Quando me defronto com a problemática do projeto, por exemplo, que faz todo o sentido para mim quando estou discutindo o tema dos indivíduos em relação e dentro do que chamo campo de possibilidades, estou levando em conta o Schutz, e também o Bourdieu. Quer dizer, os indivíduos desenvolvem seus projetos, mas não no ar, e sim dentro de um campo de possibilidades, que é o repertório sociocultural existente, que tem a ver com várias coisas em vários níveis, com ideologias, com visões de mundo e com experiências de classe, de grupos de *status*, de grupos de *ethos*. Acho que o projeto, que é uma dimensão fortemente ancorada na idéia do indivíduo-sujeito, tem de se relacionar com essas dimensões, porque, por outro lado, não quero cair na armadilha de transformar o indivíduo no sujeito que está acima das determinações e das classes; não quero que o projeto passe a ser algo que o coloque no papel de um demiurgo. Não é nada disso. O projeto é alguma coisa que você pode elaborar dentro de um repertório, dentro de um campo de possibilidades — lugar de exercício de algo que, como tema, é muito caro para mim desde a minha formação inicial. É a questão filosófica da liberdade.

Você leu Ortega y Gasset também?

Li Ortega também, é um autor precioso, mas o mais fundamental para mim foi Sartre, com a idéia de liberdade, a idéia de que dentro do maior constrangimento — seja político, seja econômico ou educacional — existe uma certa margem, que pode ser maior ou menor, para o exercício da liberdade individual, que faz com que as pessoas possam se distinguir umas das outras em termos de escolhas, que podem se conformar mais ou menos à idéia de um projeto. Acho que isso aparece com mais clareza na sociedade moderno-contemporânea, porque ela é diferenciada, porque ela é fragmentada, porque ela é heterogênea e, por isso mesmo, é uma sociedade que sugere mais, que encaminha mais a possibilidade desse individualismo que aparece associado a projetos. Para mim, em qualquer sociedade você pode ter projeto, mas ele é tipicamente a expressão de uma sociedade individualista, em que o indivíduo é o valor básico — mesmo que essa sociedade apresente todas as contradições de carregar internamente outros valores que não sejam necessariamente individualistas.

Acho também que essa idéia de usar a ciência social para lidar com o indivíduo, e perceber que o indivíduo não é um ente acabado, que a personalidade não é uma coisa monolítica, é algo que existe em função de várias experiências, de vários papéis, e que o indivíduo não é *um* o tempo todo, é muitos, e este "ser muitos" tem a ver com a sua trajetória e com a sua participação em diferentes mundos e diferentes experiências, e que isso nos acompanha o tempo todo, acho que isso tem a ver com um diálogo com a área "psi". Desde *Desvio e divergência*, passei a interagir regularmente com psicólogos, psicanalistas e psiquiatras. Dei cursos, conferências, palestras, participei de vários eventos nessa área. Ajudei, por exemplo, a trazer o Becker e o Goffman para um congresso de psicanálise em 1978. Estabeleci uma boa parceria com meu ex-aluno Sérvulo Figueira, psicanalista e, na época, professor da PUC, publicando coletâneas e procurando outras atividades que buscassem integrar ciências sociais e os "psi". Essas relações continuam, embora, para mim, hoje sejam um pouco menos intensas. Mas há vários antropólogos dialogando e trabalhando com instituições e grupos dos mais variados tipos de orientação.

O tema deste número de *Estudos históricos* é "sociabilidades", que é uma noção presente já dentro da obra do próprio Simmel. Esse conceito vai aparecer de diferentes formas na tradição da Escola de Chicago e em outras que você mencionou. Gostaríamos que falasse um pouco mais sobre essa noção.

Em Simmel, o conceito de sociabilidade é muito preciso: é o social puro, é aquela interação que não está ligada a outras motivações, a outros interesses, que não está determinada por razões econômicas, por razões políticas ou de qualquer outra ordem. Não há interesses senão a interação em si mesma. É quase uma forma, um tipo ideal que ele vai construir. Você pode perguntar até que ponto isso pode existir — uma situação totalmente despida de algo que seja exterior a ela.

Vejam que Simmel assim como Durkheim, fundadores das ciências sociais, estão preocupados em definir o que é social e o que não é social. "Social" é muitas coisas, mas para Simmel existe esse fenômeno que é a sociabilidade pura, numa relação ou em relações em que não estejam envolvidos fatores fora da relação propriamente dita. Simmel dá vários exemplos disso, mesmo no sentido quase de salão, quando fala da *coquetterie* como um tipo de sociabilidade. E isso influenciou muitos autores.

Mas, depois de Simmel, a sociabilidade ganhou várias outras conotações, vários significados e usos. A sociabilidade aparece constantemente ligada à problemática do cotidiano, da *daily life*. Quando se fala em sociologia da vida cotidiana, está-se falando do dia-a-dia literalmente, dos acontecimentos e das situações que não estão necessariamente ligadas às grandes questões estruturais. A antropologia tem uma contribuição muito forte nessa direção pelo fato de ter estudado, e de ter como uma de suas âncoras, família e parentesco — as relações familiares, as relações de parentesco, as regras de relação entre parentes, as regras de organização de casamento. O universo do parentesco e da família muitas vezes é identificado na antropologia como sendo a organização social propriamente dita, diferente da organização econômica e política. Obviamente, o universo e a linguagem da família e parentesco aparecem dentro de uma lógica social que tem uma ligação com a cosmologia, com a ideologia.

A antropologia, por outro lado, faz etnografia e, ao fazê-lo, vai estudar os costumes, o dia-a-dia, o convívio social, as refeições; numa outra dimensão, as festas, os rituais. Ao fazer isso, ela está lidando com as pessoas em interação. Isso é uma coisa que fica cada vez mais clara para mim. A etnografia está descrevendo a *interação* — segundo certas regras, segundo certos princípios —, mas sempre a interação, o encontro das pessoas no seu dia-a-dia, no seu cotidiano. Evidentemente, você também vai lidar com dramas sociais, com crises, com rupturas, mas há um lado da etnografia que é muito colado à descrição do dia-a-dia, do que as pessoas fazem, de como elas se relacionam, conversam umas com as outras, de quais são as regras de precedência, de aproximação, de evitação, misturadas com seus afetos, emoções, gestos, sociabilidade em geral.

A história das mentalidades também vai lidar com a questão da sociabilidade, com o interesse pelos costumes, pela vida cotidiana. E acho que isso tem a ver com algumas questões interessantíssimas da vida político-cultural. Digamos que até os anos 60 — 1968 talvez seja o marco — as grandes questões relevantes eram ligadas ao marxismo e ao estruturalismo. Mas autores como Foucault, que tem uma ligação com o marxismo, já vinham começando, do outro lado do mundo, a legitimar a questão da micropolítica, da política *do* cotidiano e *no* cotidiano. Já existia, por exemplo, um trabalho do Henri Lefèbvre sobre a sociologia da vida cotidiana, mas Foucault é um autor estratégico para lidar com as questões do dia-a-dia, do cotidiano, e com as relações micropolíticas.

É interessante ver que isso se junta, em outro nível, com uma linhagem da Escola de Chicago que vai ter como expressão mais importante o Goffman, que lida o tempo todo com a problemática da sociabilidade e de uma microssociologia. Dentro da tradição interacionista, Goffman é quem mais desenvolve isso e elabora uma teoria, apoiado no George Herbert Mead e em alguns fenomenólogos, como Gustav Ichheiser, autor que ele cita no *Presentation of Self in Everyday Life*, um austríaco, também exilado do nazismo como o Schutz, só que ficou em Chicago. O Ichheiser tem um artigo clássico, importantíssimo, que estou relendo agora, que é "Misunderstandings in Human Relations". Ele ali está discutindo interação, ou seja, como, na vida cotidiana, as pessoas se relacionam e se expressam — para ele são dois fenômenos que devem ser distinguidos. Está lidando com o fenômeno da expressão e da percepção social no dia-a-dia: como as pessoas, interagindo umas com as outras, se classificam, se situam, que tipo de representação fazem umas das outras, como isso pode dar certo ou não, quais as conseqüências disso para a vida social. Acho, aliás, que o trabalho do Ichheiser é mais importante para o Goffman do que ele diz. Não que ele tenha feito isso deliberadamente, mas até certo ponto é comum adotar certas reflexões e incorporá-las.

Por outro lado, quando o Goffman desenvolve a questão da *análise de situação*, que tem a ver o tempo todo com a questão da sociabilidade, ele está retomando o William Thomas, que falava em *definição de situação* no início do século XX. Goffman pega os fenomenólogos e vem falar em *análise situacional*, que é exatamente o que ele faz: procura desenvolver uma teoria sobre como se estabelecem relações entre as pessoas em situações específicas; como os indivíduos produzem uma situação interagindo e como a situação os afeta e produz as *performances* individuais. Goffman faz isso desde o *Presentation of Self in Everyday Life*, passando pelo *Behaviour in Public Places*, e sobretudo no *Frame Analysis*. Aí ele vai debater com o Schutz, que é o grande fenomenólogo, que se torna mais famoso que o Ichheiser, mas que tem com este muita proximidade.

Logo, a sociabilidade é esse território em que você está lidando com as interações, com as redes de interações, com as situações interacionais dos mais diferentes tipos. É claro que, num outro plano, tudo é sociabilidade. Se você quiser ter um pouco de precisão, vale a pena fazer alguns esforços, não muito dogmáticos, e distinguir algumas áreas que são tipicamente classificáveis como áreas de reflexão sobre sociabilidade. Por exemplo, o folclore lida com a temática da sociabilidade, através dos jogos, das festas, das comemorações, o que está ligado diretamente à observação de indivíduos em interação. Acredito portanto que a tradição interacionista ajuda bastante a lidar com essa questão da sociabilidade, do cotidiano, da microssociologia, do dia-a-dia, do convívio, dos encontros e dos desencontros, da negociação da realidade e da definição de situações.

Uma variante que começa em Chicago, mas que depois se desenvolve por outro caminho é a do Parsons, que também está discutindo o social através dos papéis e das normas, da estrutura social.

Devo dizer que gosto muito de alguns textos do Parsons. Agora, houve uma grande briga, e sabemos bem por onde ela passa. Os interacionistas criticavam Parsons sobretudo pela idéia de que ele pressupõe um sistema e vê a mudança como alguma coisa episódica, excepcional, enquanto eles vêem a sociedade em permanente mudança. Ela muda o tempo todo, através da interação.

Para Simmel, inclusive, a mudança é constitutiva da vida social.
Exatamente, isso tem a ver com a tradição simmeliana. A sociedade está mudando o tempo todo, desde o nível que nós poderíamos chamar do cotidiano, do micro, do encontro amoroso, do casamento, dos encontros em todos os níveis, e por isso mesmo o sistema não pode ser pressuposto. São os indivíduos associados em relações de maior ou menor conflito ou harmonia que fazem a vida social.

Parsons tem textos importantes. É claro que essas coisas se radicalizam. Outra razão para brigar com o Parsons é que ele e seus seguidores — às vezes não era nem o Parsons — eram exageradamente metodológicos. A obsessão com a metodologia acabava congelando o trabalho de pesquisa, querendo estabelecer regras muito rígidas, e o pessoal da tradição interacionista valorizava muito o trabalho de campo. As monografias clássicas de Chicago são expressão disso.

Outra questão da Escola de Chicago é a discussão com o quantitativismo. Até certo ponto, o uso de métodos quantitativos era normal na Escola de Chicago, complementando os métodos chamados qualitativos; não havia uma oposição entre um e outro. Mas, a partir do final da Segunda Guerra, vai se acentuando nos Estados Unidos um tipo de ciência social que, para ser ciência, vai assumindo cada vez mais essa dimensão quantitativista. Tanto que o Departamento de Sociologia da Universidade de Chicago vai acabar sendo dominado pelos quantitativistas, e o pessoal da tradição interacionista vai para outros lugares, como a Northwestern ou para Berkeley. Isso é outro ponto interessante. Você tem a versão parsoniana e tem também a questão do quantitativismo. Agora, existem outros autores; é preciso lembrar que colocar as coisas todas em caixas é complicado. Por exemplo, como classificar o C. Wright Mills, que era professor de Chicago? Que tinha uma formação em que Weber e Marx eram os autores-chave? Mas, ao mesmo tempo, Mills era uma pessoa que lidava com o interacionismo e com a fenomenologia. A tentação de enquadrar, de rotular e de encaixar é muito grande, mas acho que temos de ter muito mais essa idéia de trânsito, de complexidade e de combinações variadas.

Há um outro autor que mencionei aqui muito *en passant*, quando falei dos livros que publiquei na coleção Antropologia Social, da Zahar, e que para mim foi muito importante para discutir sociabilidade e cotidiano: Raymond Firth. Ele tem um artigo sobre estrutura e organização social que é um clássico, mas que hoje em dia as pessoas não lêem muito. Ele fala de estrutura, que são as grandes instituições duradouras que nós chamaríamos de *longue durée*, que definem uma sociedade num período de tempo maior, mas lida também com a organização social. E organização social, para ele, o que é? É o dia-a-dia, o cotidiano, o espaço em que, através das interações e das relações pessoais, são tomadas decisões, são feitas escolhas que a longo prazo vão afetar a estrutura social. A importância de focalizar esse cotidiano, esse dia-a-dia, essa categoria que às vezes é quase residual, a sociabilidade, passa portanto por aí.

Para concluir, eu diria que a sociabilidade em Simmel tem um sentido muito preciso, mas, se você ficar preso exclusivamente à definição que o Simmel deu para sociabilidade no início do século XX, pode perder muita coisa interessante que também é chamada de sociabilidade, e que acho que está muito mais próxima de uma discussão sobre interação, cotidiano e costumes. Acho que é o estudo do cotidiano, a preocupação com a etnografia, que vai ser uma das variáveis mais importantes para o diálogo entre antropologia e história. Não se trata de ambas abrirem mão do estudo de outros processos de *longue durée*, mais amplos, de lidar com questões de mercado, de economia, de Estado, e sim de saberem que existe esse nível ou esse conjunto de níveis do dia-a-dia, do cotidiano, da sociabilidade, que são absolutamente fundamentais e, num certo nível, são a base da vida social. O que é a interação senão uma relação entre indivíduos que são diferentes uns dos outros? Se não existe diferença, não existe relação — isso é óbvio, mas nem sempre parece tão óbvio assim. São justamente essas diferenças entre os indivíduos, essas singularidades, que vão permitir que haja relação, porque é isso que possibilita algum tipo de troca, de reciprocidade. A interação é isso; se os indivíduos são iguais, não há sociedade. Portanto, não temos nem mônadas isoladas, pairando, nem uma sociedade homogênea em que todos os indivíduos são determinados, condicionados e produzidos por forças ou estruturas maiores. Na verdade, o dia-a-dia, o cotidiano, o microssocial, a interação têm esse potencial enorme que tem sido confirmado na história das ciências sociais.

Você já orientou 66 teses ou dissertações. Como vê o trabalho de orientador?

Uma das coisas de que mais me orgulho na minha carreira é da minha condição de professor, do meu trabalho de orientador. Já me disseram que esse número de orientações é um recorde nas ciências sociais brasileiras. Isso aparece na pesquisa de uma aluna da Unicamp sobre a história da antropologia no Brasil. Obviamente, tenho muita satisfação com meu trabalho pessoal, com os textos que escrevo, com as coisas que produzo, mas não estarei mentindo se disser que tenho a mesma satisfação em ajudar e participar da formação dos meus alunos, dos meus orientandos. Eu também me realizo fortemente através do trabalho deles. É claro que sei que tenho uma influência, não estou sendo modesto: "Vejam como o professor Gilberto Velho é generoso, fica dando força para os alunos em vez de estar fazendo as coisas dele..." Não é isso. Acho que a minha realização, o meu trabalho, é isso *também*. Eu me sinto muito gratificado e tenho orgulho de ver teses e dissertações magníficas, outras nem tanto, mas enfim, uma produção significativa na ciência social brasileira em que tive um papel e espero continuar tendo durante algum tempo ainda. Tenho uma grande satisfação nisso, porque o trabalho de orientador é um desafio, é um trabalho fascinante, que nem sempre dá certo. Para lembrar a tese do Ichheiser, constantemente há *misunderstandings*. Há uma negociação entre o orientador e o aluno para chegarem a um campo comum de entendimento. Você quer dar espaço para que o aluno realize o que gostaria de fazer, mas para isso é preciso que ele descubra o que quer fazer. É um trabalho que só pode ser feito na base de diálogo, e é muito delicado, porque às vezes você pode, mesmo sem querer, tentar impor o seu ponto de vista.

Ao mesmo tempo, é claro que tenho interesse em orientar pessoas que lidem com temas com que eu tenha afinidade. Há uma senhora que tinha feito mestrado comigo, ótimo mestrado, e que queria que eu fosse orientador dela no doutorado. Ela estava fazendo um trabalho sobre as mulheres dos sem-terra. Eu disse que não era o meu tema e a encaminhei para outro professor. Ela tinha feito um trabalho sobre as mulheres — que foi publicado pela Fundação Getúlio Vargas — presas e torturadas durante o regime militar. Quer dizer, aí tinha a ver. Acho que sempre há limites. Não oriento qualquer projeto, qualquer tese. Estabeleço algumas prioridades e temas afins. Ou seja: dou aula, faço pesquisa, procuro integrar na medida do possível alguns alunos nas minhas atividades de pesquisa e os estimulo a desenvolver seus próprios projetos, no sentido amplo. Tive alguns casos de pessoas em que a relação não deu certo, e pude encaminhá-las para outros orientadores ou até para outras soluções existenciais. Mas na grande maioria dos casos houve um resultado positivo. Não vou ficar aqui citando os nomes desses orientandos: alguns são óbvios, pessoas de grande destaque, autores de sucesso, com carreiras próprias e liderança em suas áreas. Acho que isso, de fato, é uma gratificação grande. Hoje em dia, sou o decano do Departamento de Antropologia do Museu Nacional, o que é uma situação engraçada. Não sou o mais velho, sempre gosto de chamar a atenção para isso, mas sou o mais antigo professor titular.

Ao lado desse trabalho de professor-orientador, você tem uma intensa participação na área de política científica, em associações científicas, em vários organismos. Como começou isso?
Primeiro participei de comitês assessores do CNPq, de comissões da Capes, participei muito da Associação Brasileira de Antropologia, fui presidente da ABA relativamente moço. Participei da Anpocs, da qual fui presidente mais tarde. Na SBPC, tive uma atividade bastante intensa numa época da minha vida. Fui também vice-presidente da SBPC. Recentemente houve essa novidade, que é a abertura da Academia Brasileira de Ciências para as ciências humanas. Entramos, ano passado, três cientistas sociais, agora entraram mais cinco, e acho que outras pessoas vão entrar progressivamente. Nós nunca lutamos por isso, os cientistas sociais nunca pressionaram a Academia, mas acho que não

deixa de ser interessante em termos de criação de outros canais, de outros espaços, em termos de intercâmbio. Claro que, em algum plano, apesar de tudo, é um certo tipo de legitimação — não que nós precisássemos terrivelmente disso, mas de algum modo é um reforço.

Além disso, acho que algo importante na minha carreira foi o fato de eu ter sido, durante dez anos, membro do conselho do Patrimônio Histórico e Artístico Nacional. Foi uma experiência muito importante. Tive a oportunidade de participar de momentos decisivos. Por exemplo, fui relator do primeiro tombamento de terreiro de candomblé — nunca tinha havido isso —, o Casa Branca, em Salvador. Foi difícil, complicado, mas valeu a pena. A antropologia passou a ter mais peso nas questões do patrimônio.

Não posso deixar de me referir, nesse ponto, a Gilberto Freyre. Ele foi uma pessoa interessante na minha carreira. Embora eu não fosse do seu fã-clube, ele gostou do meu trabalho, se interessou e passou a me procurar; às vezes me mencionava, me citava. Foi ele que me indicou ao Marcos Vilaça para o conselho do Patrimônio. A partir dessas experiências positivas, fui ler mais a obra dele. Tinha lido *Casa-grande & senzala*, *Sobrados e mucambos*, e fui ler o resto. Interessou-me a questão do dia-a-dia, do cotidiano, porque ele não fazia isso de modo separado das preocupações com a *longue durée*. Ele tinha preocupações de *longue durée*, mas estava o tempo todo ligado à questão das práticas diárias, das interações.

A partir de 1994, você passou a ter um intercâmbio científico bastante regular com Portugal. Como aconteceu isso?

Aconteceu de uma maneira muito curiosa. Houve um congresso em Lisboa em 1994 e lá fui procurado por pessoas que tinham lido os meus livros. Eu sabia que se vendiam livros da Editora Zahar em Portugal havia muito tempo, pois a Zahar foi uma editora também pioneira em termos de expansão dos livros brasileiros em Portugal, mas não tinha idéia de que os meus livros eram lidos. Fui então procurado por um pequeno grupo que estava querendo fazer antropologia urbana, pessoas extremamente simpáticas e talentosas. Eles me convidaram para dar um curso em 1996, dei um curso de um mês, dentro de uma cadeira de antropologia urbana que estava sendo criada no ISCTE — Instituto Superior de Ciências do Trabalho e da Empresa — e estabeleci relações com alguns professores do ISCTE e com o Museu Nacional de Etnologia, cujo diretor é o Joaquim Pais de Brito. Desde então, tenho ido regularmente a Portugal e trazido pesquisadores e professores portugueses ao Brasil. É um intercâmbio muito fértil com a antropologia portuguesa. A antropologia urbana, especialmente, tem crescido, com trabalhos muito interessantes, originais, e eles dizem com muita clareza que a influência da antropologia urbana brasileira é fundamental, e que, de certa maneira, foi através dela que eles se legitimaram. Juntos fizemos, inclusive, uma coletânea de textos sobre o Rio e Lisboa que tem tido boa repercussão.

Os antropólogos portugueses estão produzindo trabalhos ótimos. Sempre tive muito interesse em Portugal, até porque tenho um avô português que chegou ao Brasil no início do século XX, e existe uma dimensão afetiva muito forte. Tenho interesse, também, pela história portuguesa, e há ainda o fato de eu achar que Portugal é relativamente desconhecido no Brasil. Sabe-se muito pouco sobre Portugal, seja sobre a história, seja sobre a sociedade portuguesa. Já em matéria de estereótipos, de preconceitos e piadas...

O texto deste livro foi composto em Sabon, desenho tipográfico de Jan Tschichold de 1964, baseado nos estudos de Claude Garamond e Jacques Sabon no século XVI, em corpo 10/13,5. Para títulos e destaques, foi utilizada a tipografia Frutiger, desenhada por Adrian Frutiger em 1975.

A impressão se deu sobre papel Chamois fine 80g/m² *pelo Sistema Cameron da Divisão Gráfica da Distribuidora Record.*

Papel Chamois
A arte de ler